WO YU TUSHUGUAN

CHONGQING DAXUE TUSHUGUAN JIUSHI ZHOUNIAN WENJI

我与图书馆

主编 王雨 杨新涯

重庆大学图书馆九十周年文集

重庆大学出版社

图书在版编目（CIP）数据

我与图书馆：重庆大学图书馆九十周年文集 / 王雨，杨新涯主编. -- 重庆：重庆大学出版社，2022.7

ISBN 978-7-5689-3316-2

Ⅰ. ①我… Ⅱ. ①王… ②杨… Ⅲ. ①重庆大学—院校图书馆—图书馆史—文集 Ⅳ. ①G259.256-53

中国版本图书馆CIP数据核字（2022）第108399号

我与图书馆
重庆大学图书馆九十周年文集

主编 王 雨 杨新涯
策划编辑：贾 曼 陈筱萌
责任编辑：陈 曦 版式设计：陈筱萌
责任校对：关德强 责任印制：张 策
*
重庆大学出版社出版发行
出版人：饶帮华
社址：重庆市沙坪坝区大学城西路21号
邮编：401331
电话：（023）88617190 88617185（中小学）
传真：（023）88617186 88617166
网址：http://www.cqup.com.cn
邮箱：fxk@cqup.com.cn（营销中心）
全国新华书店经销
重庆升光电力印务有限公司印刷
*
开本：889mm × 1194mm 1/32 印张：8.75 字数：229千 插页：32开1页
2022年7月第1版 2022年7月第1次印刷
ISBN 978-7-5689-3316-2 定价：68.00元

BIANWEI MINGDAN

编委名单

主　编　王　雨　杨新涯

副主编　李　炜　唐孝云　李卫红

成　员　（按姓氏笔画排序）

邓朝全　王彦力　王彰红

田　琳　孙　锐　周　剑

胡　晓　徐　娟　曹　京

策　划　杨新涯　李卫红

统　稿　王彦力

序：书香沉润　智慧未来

1930年10月，重庆大学图书馆创办。九十载风雨历程，九十载书香沉润，历经代代图书馆人的不懈努力，终成为如今不断前行的模样。九十年来，重大图书馆始终坚持正确政治方向，积极传播先进思想和科学文化知识，以“读者至上”为服务理念，在保存和传承人类文明、服务教学科研、服务社会、参与学校人才培养和校园文化建设等方面发挥了重要作用。

长期以来，图书馆秉持“文献支撑，文化育人”的办馆宗旨，紧密围绕学校发展建设要求，创造性地开展工作，各项工作都取得了长足的进步。

1. 以“双一流”学科为主的文献保障体系基本形成

图书馆紧密围绕学校一流学科建设计划，充分征集学科文献需求，构建了一流学科的文献保障体系。以数字资源为主，兼顾纸质资源。经过建设，我校冶金工程、仪器科学、矿业工程、机械工程、土木工程、交通运输工程等学科排名进入全球前50名，为我校学科的整体提升提供了强有力的文献支撑保障。截至2019年底，文献资源累计量达1702万册，优势学科资源保障率均达到80%左右。

2. 智慧图书馆建设取得显著成效

图书馆围绕服务扁平化、智慧馆员、数字化馆藏、管理信息化、全流程分析评价和更多的创新应用等方面开展智慧图书馆实践建设与理论研究。升级了新一代图书馆管理系统，启用智能采访和快速编典系统，优化和升级了多个信息系统；全面实现RFID管理，图书借还无人化；构建了移动阅读环境下的全新在线服务体系，满足了读者的手机端服务需求。

3. 开展多项创新服务工作

图书馆落实学校学科建设、科技成果转化、人才评估等相关工作，形成“教育部科技查新站 + 国家知识产权信息服务中心 + 学术评价与分析中心”的文献情报服务体系。通过学校和图书馆的努力，重庆大学获批首批 23 家高校国家知识产权信息服务中心，获批全国 10 家高校 TISC 承办机构，亦是全国 4 家获取高校国家知识产权信息服务中心与 TISC 中心“双中心”的高校之一。

图书馆与京东合作，开启的“你选书我买单”服务，在 2020 年“4·23 世界读书日”被中央电视台《朝闻天下》栏目特别报道，并在《新闻联播》中展示了该平台界面，取得了很好的宣传学校和推广服务的效果。抗击新冠肺炎疫情期间，推出“纸质图书无接触预约出借”服务，依托“+ 馆藏”平台，开启多媒体资源新服务，获得读者广泛好评。

4. 大学文化育人阵地建设成效明显

图书馆建设重庆大学文库、重庆作家书院、声音图书馆、舍区书屋、绘本馆等主题图书馆特色空间，将文化育人空间延伸至学生舍区。坚持组织开展多形式、多渠道、重内容的阅读推广活动，打造了“书香四季”（新生季、成长季、读书季、毕业季）文化育人活动品牌，营造浓厚“书香重大”校园氛围。举办“圕强达人”重庆大学信息素养大赛、“虎溪馆赶大集”等具有影响力的活动。每年编辑发行《重庆大学新生学习生活羊皮书》，开展逸夫楼讲座、无字书屋讲座、“竹林闻声”讲座及各类文化展览。

肯定成绩的同时，在学校“十四五”建设中，更需要我们全体老师齐心协力，共同谋求学校和图书馆的全面发展。“十四五”期间，图书馆要以习近平新时代中国特色社会主义思想为指导，结合学校“十四五”

发展规划和行业发展趋势，以创建特色鲜明、国内一流、国际知名的创新型学术图书馆为目标，助力学校本科教育和“双一流”建设。

5. 继续完善“双一流”学科文献资源保障体系

以“先保障基本资源，后保障优势资源”为原则，将资源分级保障。重点建设基础学科、医学文献资源。“以本为本”，形成广大师生广泛参与的、完整的课程文献资源和服务体系。推进特藏与专藏的建设。

6. 夯实文献服务体系，全流程优化

进行纸电合一的文献服务流程再造，完善智库建设和服务，构建面向读者的文献情报服务体系、完整的信息素养培养体系，开展主动式、精准式的专业文献推广，深度融入学校一流学科建设、人才引进等工作。

7. 加强智慧图书馆管理与服务系统的研究与实践

注重信息化建设的顶层设计，进一步完善大数据中心，利用人工智能等新技术，以数据驱动的方式有效提高图书馆管理水平，构建纯在线服务体系，完成电脑端和移动端功能整合和扩展，全力保障师生教学与科研需求。

8. 建设基于“三全育人”的文化育人体系

围绕学校“三全育人”建设要求，规划阅读文化活动、文化展览、文化讲座、文化宣传、文化服务、文化实践等育人工作，构建以学生为中心，满足师生需求的文化育人体系。

加强专业馆员队伍的建设，建设一支信息素养高、分析能力好、研究能力强、综合素质过硬的专业馆员队伍，为学校教学、科研提供强有力的人力资源保障。

邺架九十载，当薪火相传。过去的九十年已成为历史，新的征程已然开始。让我们乘风破浪，在未来的发展建设中，抓住机遇、迎接挑战、奋力开拓，用一流的管理、一流的服务，书写重庆大学图书馆新的篇章！

重庆大学图书馆“十四五”建设工作推进会暨建馆90周年纪念（1930—2020）

2020年10月

从左向右

第5排：杨红雨、龙春玲、唐孝云、王强、秦大华、邓艾、余涛、傅道友、颜波、敖波、付成贵、许天才、黄勐、李骏勇、张凯、吴涛、韩平、曾学东、王彰红、谢德能、冉玉顺、孙全友、郑睿、胡方林、夏冰、翟伟、郑伟炜、刘晓涛、李恭君、马全武、赵鲲、夏灿、文早晖、田勇

第4排：赵长进、周创、何国敏、李兰英、李燕、张瑞、李政、田琳、周砚慕、黎浩宇、黄晓玲、陈翼、齐趣、李姗玲、李素、涂佳琪、唱婷婷、曹京、胡佩、罗洋、李成琳、孙自力、王彦力、冉蔚然、刘永毅、罗大斌 张玺、罗才兵、敖恺云

第3排：明虹、敖舒、王希娟、温婧茹、蔡佳、陈思璐、黄娟、祝凤莉、陆容、陈真英、唐雪梅、金梅、李哲、张洁、周琮、徐俊英、魏星、王光秀、冉波、朱堂平、彭小容、简绍庆、秦秀芳、宋锦秀、祝东华、雷世红、谷诗卉、王英、敖甜、温峻、徐娟、王江、李炜、邓朝全

第2排：朱廷霞、袁媛、秦梅、李玉兰、周永红、彭漪、王姝、谭嘉、胡晓、高艽、吴红、李燕、万小英 王宁、李卫红、郑明清、吴渝、文佩丹、蒲冯、杜玉梅、李真、谢茜、白太素、毛莲、王勤、刘玲、易群英、周玉兰、邝静、何琳、陈瑶

第1排：梁文敏、朱凡、谢蓉、邹荣富、李光炬、郭吉安、杨新涯、彭晓东、肖铁岩、廖瑞金、唐一科、马文光、 吴丙山、王雨、陈光禄、李华、李代新、魏群义、马亚兰、李玉莲

MULU

目　录

WOMEN

DE

SHINIAN

我们的十年：2010—2020

重庆大学图书馆 九十周年

◆ 2010年度大事记

1. 3月中旬，为了配合虎溪校区新图书馆建设，图书馆和虎溪校区管委会共同组织了重庆大学图书馆标识系统设计大赛。

2. 6月10日，虎溪图书馆开馆试运行。

2010年6月10日，虎溪图书馆开馆试运行

3. 2010年由杨新涯副研究馆员牵头的国家社科基金项目“资源、管理、服务三位一体的图书馆2.0研究与实践”顺利结项，鉴定等级为良好，这是图书馆承担的第一项国家社科基金项目。

4. 6月，图书馆在全馆范围内开展了第一届“明星馆员”评选活动。

5. 6月毕业季，为了方便毕业生办理离校手续，图书馆本着“以人为本，读者至上”的服务理念，开设离校手续集中办理点，提供一站式离校手续办理和校友服务。

6. 10月12日，重庆大学图书馆成立八十周年。1929年重庆大学成立，1930年重庆大学图书馆也顺势成立，2010年图书馆喜迎八十周年馆庆。

7. 10月，重庆大学图书馆“十二五”规划在经过多次论证之后，顺利完成重庆大学图书馆全部规划制定工作。

8. 11月12日，“CALIS重庆文献信息服务中心三期建设启动大会”召开，重庆大学成为CALIS三期重庆省级中心。三期建设工程顺利启动。

2010年11月12日，
“CALIS重庆文献信息服务中心三期建设启动大会”召开

9. 11月16日，重庆大学图书馆以丰富的抗战历史文献与重庆市其他4所高校图书馆一起入选第一批重庆市古籍重点保护单位。

10. 12月30日，“和谐图书馆，快乐大家庭”2011年迎新联欢会在逸夫楼图书馆一楼大厅举行。

◆ 2011年度大事记

1. 3月11日，虎溪图书馆图书现采基地成立并对外开放。

2. 3月23日，图书馆面向读者开通跨校区的图书通借通还服务。

3. 3月，图书馆成立《砚溪》文学社团，创办《砚溪》杂志。

4. 3月，图书馆荣获“重庆市科技文献资源共享平台文献分中心一等奖”。

5. 5月18日，第十三次全国工科高校图书馆馆长年会成功举行。

6. 6月，图书馆密集书库建设顺利完成并投入使用。

7. 7月，图书馆党总支荣获“重庆市教育系统优秀基层党组织”称号。

8. 12月，2011年教育部高校图工委信息技术应用年会在图书馆召开。

9. 12月，重庆大学图书馆分别与美国埃默里大学图书馆、北京大学图书馆签署合作协议。

2011 年 12 月 14 日，
2011 年教育部高校图工委信息技术应用年会现场

◆ 2012 年度大事记

1. 1 月 10 日，“图书馆 2.0 系统”荣获 2011 年高等教育信息化创新项目。

2. 3 月 13 日，重庆大学图书馆荣获人民邮电出版社“优秀馆藏图书馆·钻石奖”称号。

3. 3 月 16 日，重庆大学“211 工程”三期公共服务体系建设项目“文献信息资源与保障系统”以“优秀”成绩通过验收。

2012 年 3 月 16 日，
重庆大学“211 工程”三期公共服务体系建设项目验收会

4. 4 月 18 日，重庆市 2012 年高校图书馆馆长会议暨重庆市高校文献资源共建共享平台启动仪式顺利举行。

2012 年 4 月 18 日，重庆市 2012 年高校图书馆馆长会议暨
重庆市高校文献资源共建共享平台启动仪式

5. 4 月 25 日，图书馆举办“重庆市 2012 年第五届高校图书馆大型精品图书现采会暨图书馆 4 月选书活动”。

6. 5 月 12 日，图书馆 2012 年“畅心声”读者沙龙活动成功举办。

7. 5 月 16 日，重庆大学 2012 年图书情报工作会顺利召开。

8. 6 月 17 日，“图管会”20 周年系列活动之“图管 20 年——分享你我的记忆”图管分享活动在图书馆逸夫楼多功能厅成功举行。

9. 7 月 23 日，教育部高等学校图书馆情报工作指导委员会三届四次会议在重庆大学虎溪图书馆成功召开。

2012 年 10 月 22 日，
卓越联盟图书馆知识共享服务平台开通仪式

10. 10 月 22 日，卓越联盟图书馆知识共享服务平台正式开通。

11. 11 月 7 日，美国辛辛那提大学图书馆与重庆大学图书馆举行深度合作研讨会。

12. 11 月 26 日，第十七届西南地区高校图工委联席会议成功召开。

13. 11 月 28 日，“第五届图书馆管理与服务创新论坛暨 CADAL 技术支撑图书馆的智慧服务专题论坛”在重庆大学成功举办。

2012 年 11 月 28 日，“第五届图书馆管理与服务创新论坛暨 CADAL 技术支撑图书馆的智慧服务专题论坛”大会现场

◆ 2013 年度大事记

1. 4 月 1 日，面向全校读者推出移动学习本免费借阅服务。

2. 4 月 19 日，重庆市大学联盟高校在重庆大学图书馆举行图书馆资源发现系统研讨会。

3. 4 月 23 日，重庆大学 2013 年读书节系列活动正式启动。

4. 5 月 20 日，图书馆开展“重大记忆”活动，得到新华社等媒体采访。

5. 5 月 22 日，图书馆举行重庆大学 2013 年图书情报工作会。

6. 6 月 1 日，“搭心桥，筑馆梦”2013 年读者沙龙活动成功举办。

7. 9 月 10 日，重庆大学图书馆 2013—2014 学年度信息素养教育系列讲座正式启动。

8. 9 月 16 日，图书馆面向全校师生免费开放创新发现中心。

9. 10 月 10 日，重庆大学图书馆和辛辛那提大学图书馆联合为第一批参加 CQU-UC JCI 项目的 80 名学生举行了入馆教育。

10. 10 月 12 日，人文社科馆特藏室正式开放。

11. 10 月 28 日，发布具有扁平化服务思想、响应式技术的图书馆主页。

2013 年 10 月 28 日，图书馆新主页启用

12. 10 月 28 日，虎溪校区管委会向图书馆转赠澳大利亚拉筹伯大学图书。

13. 11 月，“科技文献检索”入选重庆大学研究生重点课程。

14. 12 月，图书馆购买了全套《申报》影印本，获中国台湾地区当代国际著名佛学大家释净空赠送的影印摛藻堂《四库全书荟要》一套。

15. 12 月，图书馆制订《重庆大学图书馆服务流程规范》，这是重庆大学图书馆第一部完整的服务流程规范。

◆ 2014 年度大事记

1. 1 月 8 日，图书馆获得“CALIS 三期联合目录项目建设新锐奖”。

2. 3 月 4 日，图书馆开通微信图书馆服务——“重大微图”。

3. 3 月 25 日，重庆市高校图工委信息技术应用专委会成功举办第一次技术沙龙活动。

4. 3 月 28 日，图书馆对口帮扶云南绿春县，捐赠图书 2 万余册。

2014 年 3 月 28 日，重庆大学向绿春县捐赠图书仪式

5. 3 月 28 日，由图书馆牵头的重庆市高等教育学会重大项目《重庆高等教育史》顺利完成开题。

6. 4 月 4 日，重庆市高校图工委 2014 年馆长会在重庆大学召开。

7. 5 月 8 日，图书馆举行首届“接力马拉松”健康跑步活动。

8. 5 月 10 日，重庆大学图书馆代表团成功访问辛辛那提大学图书馆。

9. 6 月 5 日，重庆大学 2014 年图书情报工作会顺利召开。

10. 7 月 7 日，图书馆举办首届“书香重大”青少年夏令营活动。

11. 10 月 6 日，图书馆 2014 年阅读推广月正式开启。

12. 10 月 23 日，“智慧图书馆项目一期建设”通过专家论证和学校立项，正式启动。

13. 11 月 3 日，文艺复古风格的理工馆东楼顺利完成装修，面向全校师生试运行开放。

14. 11 月 5 日，全国建筑院校情报网第二十六届年会在重庆大学图书馆召开。

2014 年 11 月 3 日，装修后的理工馆东楼对读者开放

15. 12 月 11 日，高校图书馆数字资源采购联盟（DRAA）理事会第八次会议在重庆大学图书馆召开。

◆ 2015 年度大事记

1. 3 月 11 日，虎溪图书馆开放亲子阅览室。

2. 4 月 17 日，重庆大学图书馆与贵州民族大学签订图书馆战略合作协议。

3. 4 月 23 日，图书馆举办首届“4·23”世界读书日虎溪馆赶大集活动。

4. 4 月 27 日，图书馆获 DRAA“资源开放获取”研究课题一等奖。

5. 4 月 28 日，卓越联盟阅读推广工作会在我馆召开。

6. 6 月 17 日，图书馆承办全国高校图书馆阅读推广案例大赛西部赛区现场评审会。

7. 9 月 8 日，恢复成立特藏部。

8. 9 月 8 日，图书馆公开展出馆藏珍贵抗战历史文献。

9. 9 月 23 日，图书馆在北京签署《数字文献资源长期保存共同声明》。

10. 10 月 16 日，图书馆获“首届全国高校图书馆阅读推广案例大赛二等奖”。

11. 10月21日，图书馆举办建设一流学科的文献分析服务研讨会。

12. 11月16日，重新装修后的逸夫楼图书馆面向全校师生开放。

2015年11月，重新装修后的逸夫楼图书馆对读者开放

13. 11月20日，理学分馆正式开馆。

14. 12月10日，图书馆党总支召开党员大会，彭晓东书记作党总支工作报告，选举新一届党总支委员会。

15. 12月31日，校领导一行为重大文库揭幕。

◆ 2016年度大事记

1. 3月10日，Elsevier公司全球副总裁 Salvatore V. Gelardi 一行访问重庆大学图书馆。

2. 6月2日，*Nature* 期刊执行主编 Ed Gerstner 博士访问重庆大学图书馆。

3. 6月2日，图书馆承办2016年教育部高校图工委信息技术应用工作年会。

4. 9月14日，图书馆获得2016年“全国高校信息素养教育研讨会案例大赛一等奖”。

2016 年 9 月 14 日，
我馆荣获“全国高校信息素养教育研讨会案例大赛一等奖”

5. 9 月 21 日，重庆大学新一代智慧图书馆服务门户正式启用。

2016 年 9 月 21 日，新一代智慧图书馆服务门户启用仪式现场

6. 9 月 21—22 日，2016 年中国机构知识库学术研讨会在重庆大学图书馆召开。

2016 年 9 月 21 日，2016 年中国机构知识库学术研讨会会场

7. 10月，信息素养教育平台讲座预约模块全面上线。

8. 10月27日，蔡本华教授图书捐赠仪式在图书馆特藏部展厅举行。

9. 11月8日，虎溪图书馆松园书屋开放。

10. 11月23—24日，第二十一届西南地区高校图工委联席会议在重庆大学图书馆召开。

11. 11月28日，重庆大学“学术评价与分析研究中心”成立。

12. 12月，图书馆党总支完成了五个党支部换届选举工作。

13. 12月12日，中图学会编译出版委员会数字出版与推广委员会成立暨第一次工作会议在重庆大学图书馆召开。

14. 12月29日，杨绪灿教授图书捐赠仪式在重庆大学图书馆珍藏室举行。

◆ 2017年度大事记

1. 3月，图书馆获得两项“2017年重庆大学教学成果奖”二等奖。

2. 4月，教育部审核评估专家到图书馆检查工作。

3. 4月11日，重庆大学图书馆第一届馆员摄影展开展。

4. 4月13日，《大学图书馆学报》2017年编委会暨第一届全国图书馆阅读推广理论研讨会在重庆大学图书馆召开。

5. 5月8日，重庆大学图书馆虎溪展览厅揭幕，并展出“大美虎溪”艺术作品。

6. 10月25日，重庆大学图书馆博雅分馆揭牌。

7. 11月，图书馆前沿研究高级访问馆员计划正式启动。

8. 11月21日，重庆高校图书馆“一流学科”建设文献资源保障研讨会顺利召开。

9. 12月，图书馆党总支组织开展领导干部讲党课。

10. 12 月，图书馆正式配置 AED 并建立教职工应急急救体系。

11. 12 月 15 日，重庆大学牵手京东阅读推出全新电子图书服务模式。

2017 年 12 月 15 日，图书馆与京东阅读签约仪式现场

◆ 2018 年度大事记

1. 1 月，图书馆启用新一代馆藏管理系统。

2. 3 月 16 日，图书馆与重庆市第一中学校战略合作协议签约仪式隆重举行。

2018 年 3 月 16 日，图书馆与重庆市第一中学校战略合作签约仪式现场

3. 4月3日，《习近平谈治国理政》多语种图书捐赠仪式在重大文库举行。

4. 4月11日，“双一流”建设高峰论坛暨重庆大学高被引学者颁奖仪式在重大文库顺利召开。

5. 5月15日，由图书馆承办的“双一流”背景下数字资源发展暨CALIS第十六届引进数据库培训周在重庆大学召开。

2018年5月15日，
数字资源发展暨CALIS第十六届引进数据库培训周活动现场

6. 5月28日，理工馆作家书院面向读者试行开放。

7. 6月19日，虎溪校区竹园书屋、黄葛书屋试运行。

8. 6月22日，重庆大学成为高校知识产权信息服务中心联盟理事会单位。

9. 7月17日，重庆大学知识产权信息服务中心正式成立，中心挂靠图书馆。

10. 9月13日，重庆大学图书馆与新疆石河子大学图书馆签订战略合作协议书。

11. 10月12日，《我们在一起——重庆大学历史上的那些合照》主题展览正式开展。

12. 11 月 1 日，由图书馆承办的“2018 数据管理与服务学术研讨会”在重庆大学召开。

13. 11 月 13 日，泰国勿洞市孔子学院教育访华团到重庆大学图书馆交流参观。

14. 11 月 23 日，重庆大学图书馆联合国内 28 家图书馆，共同倡议的“智慧图书馆协同创新联盟”在重庆大学虎溪图书馆成立。

2018 年 11 月 23 日，智慧图书馆协同创新联盟成立仪式

15. 11 月 24 日，由图书馆承办的第十五届数字图书馆前沿问题高级研讨会（ADLS2018）在重庆大学召开。

◆ 2019 年度大事记

1. 1 月，新一代图书馆管理系统（ADLIB4 和新版智图门户）切换和升级。

2. 3 月 7 日，重庆大学获批成为首批高校国家知识产权信息服务中心，中心挂靠图书馆。

3. 4 月 23 日，重庆大学图书馆和重庆文学院合作共建“重庆作家书院”正式签约。

2019 年 3 月，首批高校国家知识产权信息服务中心授牌仪式现场

2019 年 4 月 23 日，重庆大学图书馆与重庆文学院合作共建
“重庆作家书院”签约仪式现场

4. 4 月 23 日，“书香重大　芳菲春华”读书季系列阅读推广活动拉开帷幕。

5. 4 月 29 日，图书馆开始筹备 C 区图书馆的书籍及设施设备搬迁工作。

6. 6 月 18 日，重庆大学与四川外国语大学举行西南俄语文献中心共建共享签约仪式。

7. 7 月 22 日，图书馆正式启动 RFID 项目建设工作。

8. 10 月，图书馆编辑出版《文献中的重庆大学 1929—1949》，举办《文献中的重庆大学 1929—1949》主题展。

9. 10月9日，图书馆向我校对口扶贫点开州区关面乡捐赠书籍11958册。

10. 10月10日，《广州大典》捐赠仪式在图书馆逸夫楼大厅“重庆大学文库”举行。

11. 10月15日，创新读者服务模式，“你选书我买单”汇采平台上线。

2019年10月15日，“你选书我买单”汇采平台启动仪式现场

12. 11月15日，重庆大学“声音图书馆”开馆，启动“+馆藏”计划，打造数字特藏资源。

2019年11月15日，“声音图书馆”开馆仪式暨“+馆藏”数字特藏新平台启动仪式现场

13. 11 月 24 日，“圕强达人”2019 重庆大学首届信息素养大赛在重庆大学图书馆圆满落幕。

14. 11 月 28 日，重庆大学知识产权信息服务中心入选世界知识产权局和国家知识产权局联合遴选的在华第三批技术与创新支持中心（TISC）筹建机构，成为全国 11 家获批高校之一。

2019 年 11 月 28 日，技术与创新支持中心（TISC）及高校国家知识产权信息服务中心交流研讨活动，全国 11 家获批高校入选授牌仪式现场

15. 12 月 19 日，中国共产党重庆大学图书馆党总支部召开全体党员大会，换届选举新一届党总支部委员会。

◆ 2020 年度大事记

1. 2 月 2 日，图书馆成立应急服务党员工作组，制定新冠病毒防疫期间应急服务方案，开展线上“零距离”服务。

2. 3 月 9 日，图书馆推出“纸质图书无接触预约出借”的服务。

3. 4 月，知识产权月系列宣传活动正式启动。

4. 4 月 22 日，战“疫”特藏线上展览正式开启。

5. 4 月 23 日，央视报道图书馆“你选书我买单”远程借阅服务。

图书馆教职工防疫应急处置培训

2020 年 4 月 23 日，中央电视台新闻频道
针对“你选书我买单”远程借阅服务的专门报道

6. 5 月 14 日，图书馆适应解除校园防疫封闭后的师生需求，开始有限开放。

7. 6 月 23 日，重庆大学“情牵民主湖”毕业歌会在 A 区声音图书馆通过“云端”线上成功直播。

8. 7 月 2 日，图书馆党总支与辽宁省沈阳市 8 所高校图书馆党总支（直属党支部）通过网络平台联合开展了以“依规治馆”为主题的“七一”

特色党日活动。

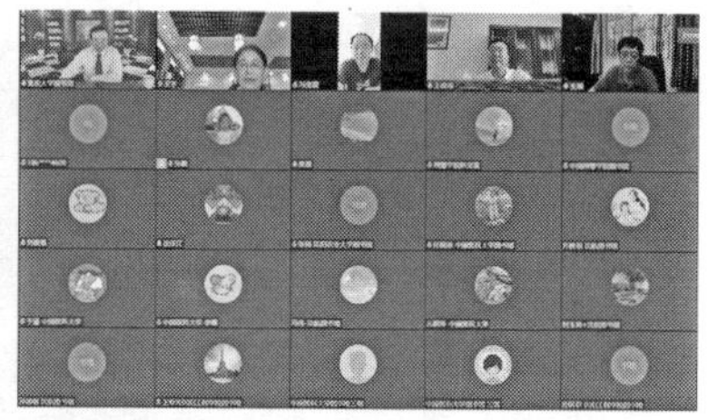

7月2日，图书馆党总支与沈阳8所高校图书馆联合进行特色党日主题活动

9. 7月5日，完成C区图书馆搬迁移交工作。

10. 7月，在《重庆大学学习生活羊皮书》基础上建设小程序“走进重大”并推出电子毕业纪念册。

11. 9月25日，世界知识产权组织在华技术与创新支持中心（TISC）落户重庆大学。

12. 9月，图书馆正式发布《重庆大学图书馆规程》并开展宣传学习。

重庆大学图书馆规程

（第一版，2020年6月6日）

序言
第一章 总则
第二章 办馆理念
第三章 组织机构
第四章 运行管理
第五章 馆员
第六章 读者
第七章 资源建设
第八章 资源整理与保存
第九章 文献服务体系
第十章 信息化保障
第十一章 其他

《重庆大学图书馆规程》第一版

13. 10 月 15 日，图书馆召开“十四五”建设工作推进会暨建馆九十周年纪念会。

10 月 15 日，图书馆在虎溪报告厅召开“十四五”建设工作推进会

14. 10 月，启用“图书馆运行大数据中心”。

15. 11 月 4 日，图书馆召开学院联系人培训及启动会。

16. 11 月 11 日，虎溪校区兰园蕙风斋（兰园书屋）正式对全校读者开放。

17. 11 月 11 日，“圕强达人”首届成渝高校信息素养大赛暨重庆大学第二届信息素养大赛拉开帷幕。

“圕强达人”重庆大学第二届信息素养大赛
暨首届成渝高校信息素养大赛合影留念

18. 11 月 27 日，“成渝地区双城经济圈高校知识产权信息服务联盟”正式成立。

19. 12 月 11 日，重庆市图书馆学会年会暨第九届学术研讨会在重庆大学国际会议厅召开。

WOMEN

DE

JIYI

我们的记忆

图书“馆”变迁记

临江小楼

1930年重庆大学图书馆正式成立，化学教授彭用仪先生担任首任图书馆馆长。1933年，学校迁入沙坪坝永久校址，第一座图书馆随之启用。

这座小楼位于临江路尽头，环山带水，风景极佳。小楼青瓦灰砖，朱门红柱，中国古典建筑的韵味十足，小楼内设中文书库、外文书库、阅览室等空间。如果说同处临江路上的一教是高调的政治中心，工学院是繁忙的教学中心，那么图书馆小楼则是含蓄的一方净地。所谓腹有诗书气自华，图书馆小楼名副其实。

小楼经历了九十余年岁月风采依旧，蜿蜒的嘉陵江水见证了它的多次变迁，如今小楼作为博雅学院，延续着其隽永的历史气息。

临江小楼是位于A区临江路的第一座图书馆，现为博雅学院所在地，是重庆大学近代建筑群的重要建筑，2019年被列为第八批全国重点文物保护单位

消失的“根号2”

1947年1月，教育部颁发《后方各省国立专科以上学校优待收复区及光复区籍教员暂行办法》，明文规定“后方各省国立专科以上学校之图书、仪器及各种教育设备，应尽力求充实”，据此学校进行了大规模的图书采购，原有的书库和阅览室空间日趋紧张，第二座图书馆应运

而生。1948 年学校开始修建一座可藏书十万册、可容纳四百多名学生看书学习的图书馆，以满足学校发展的需要。

在修建新图书馆过程中，有了著名的“根号 2”的故事：该小楼原定修建四层或五层，计算过程中工程师不慎在梁柱结构的关键数据上误算了一个“根号 2”，因施工时已无法弥补而改建为两层建筑。于是图书馆“根号 2”的典故便成为校园里经久不衰的故事。这座小楼最终被拆除，仅留下了图片供后来人回忆。

第二座图书馆，已拆除，原址在现 A 区行政楼，与逸夫楼和东楼毗邻

东楼

1978 年原重庆大学图书馆正式启用历史上第三座独立的大楼，即如今的理工馆“东楼”。东楼由著名建筑师、重庆大学 1935 级土木系校友徐尚志设计，1974 年开始设计动工，经过长达四年的设计、施工、策划、搬迁，呈现给师生们一座崭新的知识宝库。

东楼分书库和阅览室两个相对独立、彼此连通的空间。靠民主湖一侧为书库，总计六层，根据标准分类法入藏各类书籍；另一侧为阅览室，总计四层，师生们多在此处借阅。

历经近四十载岁月洗礼的东楼，在 2014 年焕然一新，浓浓的文艺范儿惊艳了所有走进这里的人，“东楼”不再是“旧馆”，而是在无数的赞叹声中成为“网红图书馆”。但是沉稳的东楼没有迷失，而是继续安静地为所有读者服务，千帆皆过，唯我独立。

刚落成时的东楼图书馆，由四川省老一辈土木建筑界的知名专家、土木系 1935 级校友徐尚志设计，该明信片为徐尚志教授亲手赠予重庆大学，现存于重庆大学校史馆

逸夫楼

1995 年逸夫楼面世，邵逸夫先生的又一份助学之心变成了重庆大学图书馆新楼。逸夫楼总计六层，二楼与东楼连通以供读者通行。自 1991 年开始选址设计，经过三年筹备施工顺利启用。

逸夫楼楼群已成为一个综合区域，靠近思群广场一侧与东楼连通实现新旧馆舍一体化，靠近团结广场一侧，与行政楼、国际报告厅等连为一体，楼群整体风格一致、色彩相近、建筑高度基本接近，整个庞大的逸夫楼楼群和谐统一，成为校园内非常重要的标志和中心。

如今逸夫楼依然是校内单位聚集的中心，且逸夫楼和东楼在 2015 年之后正式成为“文艺范儿”的典范代表，在全国高校图书馆中享有较高的知名度。未来它们会坚守着图书馆阵地，永远为师生们用心服务。

1995 年从研究生院楼俯拍逸夫楼楼群全景

2019 年逸夫楼大厅新貌

虎溪图书馆

2005 年虎溪校区迎来第一批学生，虎溪校区临时图书馆按计划开放。临时图书馆包括综合楼 C 楼二楼整层及综合楼 A 楼底楼一半区域，在长达五年时间内，简陋的馆舍却成为虎溪校区学生们最大的知识集散地。

在临时图书馆中认真阅读的 2005 级学子，也是虎溪校区的第一批学子

临时图书馆开馆之际，虎溪校区图书馆的建设纳入了正式议程，2006 年开始设计、2009 年完工，2010 年 6 月虎溪图书馆正式开馆。

作为虎溪校区第一高楼，虎溪图书馆优美的设计、庞大的建筑体、综合的功能区域、安静的环境瞬间吸引了师生的目光，成为虎溪校区不可替代的地方。图书馆坐落于云湖湖畔，大写“L”造型取自英文“Library”，寓意如“一本打开的红皮书、一把舒适的椅子、一架浪漫的钢琴”。设计者初衷是“用具创意性的方式来精心打造一个‘时尚人文’图书馆，使图书馆能够以文化的开放性、现代性、时尚性和亲和性成为学校新校区校园文化的交汇中心，成为师生乐于享受文化的自由空间”。

十年过去了，虎溪图书馆已成为虎溪校区举办文化、科研、会议、对外参观、展览等活动的首选之地，无论是建筑设计者还是图书馆人的期待，都在这里得到了很好的实现。随着学校校区功能的调整与定位，虎溪图书馆所承担的责任与使命将越来越重要，作为图书馆馆员，我们责无旁贷。

2010 年落成的虎溪图书馆，成为虎溪校区的第一热门场所

遍地开花的“图书馆”

虎溪校区图书馆不仅坐落在湖畔，更散落在校区各个不经意的地方。

理学分馆，由虎溪校区管委会、理学部和图书馆共建，位于理学院负一楼，于 2015 年 11 月 20 日正式开馆。

松园书屋，又名“听松斋”，位于学生宿舍松园一栋一楼（近西一门），由重大校友捐赠建设，2016 年 11 月开馆试运行。

黄葛书屋，又名“蕉林斋”，位于学生宿舍松园五栋一楼，2018年6月正式开馆。

竹园书屋，又名“拢翠斋”，位于学生宿舍竹园一栋一楼，与黄葛书屋同期开放。

兰园书屋，又名“蕙风斋”，位于学生宿舍兰园三栋一楼，2020年11月正式开馆。

理学分馆

松园书屋

黄葛书屋

竹园书屋

兰园书屋

建筑图书馆

1952年重庆建筑大学（原重庆建筑工程学院，简称“建院”）成立，在校舍极度紧张的状况下，临时图书馆仅由三间教室改建而来。1954年学校将学生饭堂改建为图书馆，并在两年时间里建设书库，在随后长达26年时间里，重庆建筑工程学院图书馆都在这个局促的馆舍中坚持开展工作，为建院师生提供文献服务与保障。

这座图书馆并未留下多少影像，建筑学院欧阳桦老师用钢笔描绘出了它曾经的模样，笔尖流淌下，我们依稀可以看到半个世纪前建院图书馆的风貌。

1980年重庆建筑工程学院新图书馆新馆落成并开放。类似四合院的格局分为书库、阅览室、办公区、仓库等多个空间，40年间经历多次修缮、调整、装饰，时至今日这座图书馆依然为读者提供服务，在“建筑”主题下有序运转。

在B区第二综合楼上俯瞰建筑图书馆全貌

C 区图书馆

原重庆建筑高等专科学校图书馆的成立时间可追溯至 1978 年，由原中国人民解放军基本建设工程兵学校政治部图书室、训练部资料室整合而成，1984 年正式成为“重庆建筑高等专科学校图书馆”，也就是曾经的“建专图书馆”。馆舍于 1989 年 7 月完工，2000 年与原重庆大学图书馆、重庆建筑大学图书馆共同组建为新的“重庆大学图书馆”，“建专图书馆”正式更名为“C 区图书馆”。

C 区图书馆的功能调整过多次，先后为应用技术分馆、历史文献中心，在 2020 年搬迁前夕，已经收藏了我馆绝大部分的老旧文献。因医学部建设需要，经过长达一年的艰辛付出，2020 年 7 月，C 区图书馆搬迁工作落幕，并于 7 月 13 日移交给医学部。不管是“建专图书馆”，还是“C 区图书馆”，都成了一段历史，被永远铭记在图书馆的历史中。

C 区图书馆，后为历史文献中心，2020 年正式移交给医学院

（图片稿件由办公室、理工馆、建筑馆、虎溪馆、特藏部提供，

文字稿件由特藏部综合整理）

来来来，戳这里！——馆藏章的故事

编者按：本文于2016年6月20日由图书馆官微首次推送，2020年10月12日增补后再次推送，由于原文为网络推文，本次选用时做了适当调整。

馆藏章是每个图书馆必备的“灵魂”，每家图书馆的馆藏章各有千秋，对我们重庆大学图书馆的馆藏章，我们也来做个总结。

我馆成立于1930年10月，彼时重庆大学临时校园在国民革命军二十一军的骑兵驻地，场地捉襟见肘，所以图书馆只能偏安一隅默默发展。在部队园地办学的这段时间里，即1930年10月到1933年10月，这期间的图书目前基本上无馆藏，今天的故事，从1933年的藏书开始。

1933年10月，重大整体搬迁到如今的沙坪坝校区，临江路旁精致的小四合院正式化身图书馆。随着图书采购经费不断增加，我们的第一代馆员前辈们开始第一次大规模的资源建设。此时学校只有文理两个学院，所以以文学和理学方向的书籍居多。

一号馆藏章

一号馆藏章

按标准章1：1制作的钢印

加盖在 1933 年出版并入藏我馆的书籍扉页上的一号馆藏章

这一本书是我馆目前能找到的最早入藏的书之一，出版于 1933 年底。扉页上加盖的印章是民国期间我馆使用频率最高的馆藏章，广泛分布于 1933 年至 20 世纪 50 年代初期入藏的各类书籍中。此章多加盖于书籍扉页，部分书籍封面和尾页各加盖一次，颜色多趋于紫色，近年来将此章与我馆众多曾使用过的章加工制作为矢量图，颜色统一为蓝色或者红色。

特别值得说明的是，这枚章有钢印版本，我馆很多民国书籍中均有此钢印，且不少书籍中有同款馆藏章和钢印，非常亮眼！

二号馆藏章

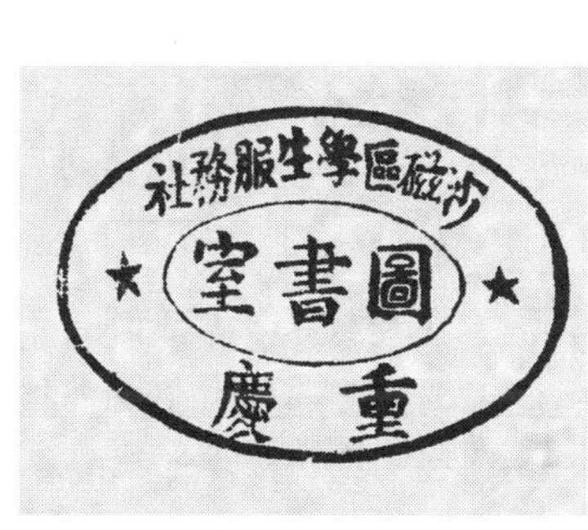

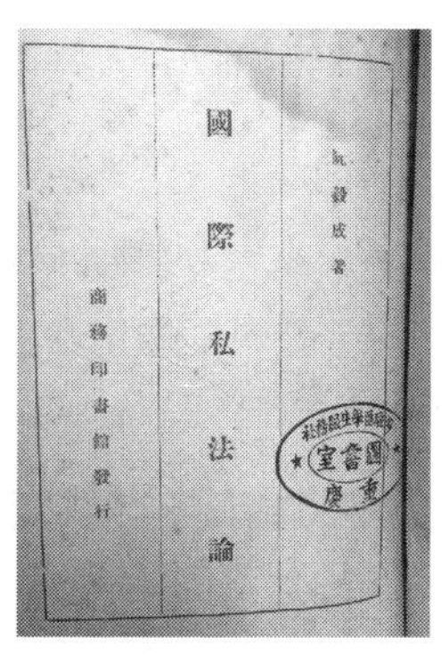

二号馆藏章标准照与加盖在我馆民国文献上的二号馆藏章

二号章上所刻字为“重庆沙磁区学生服务社图书室”，这是一段特殊历史的见证：“沙磁区”。

沙磁区是以沙坪坝和磁器口为中心的学术文化集聚地，抗战时期这里云集中央大学、重庆大学、交通大学等 22 所高校和全国八分之一的大学生以及众多学术科研机构，沙坪坝成为著名的大后方“文化四坝”之一。在以重庆大学校长胡庶华、南开学校校长张伯苓为首的一批爱国教育家共同倡导下，沙磁区成为抗战文化中一面重要的大旗。

加盖这一枚章的书籍总量不多，但是整体完好，在一众民国书籍中品相非常突出。这枚章的分量不在于盖了多少书，留了多少文物，在于这是沙磁区的真实记录与见证者，是重庆抗战文化中重要的组成部分。

三号馆藏章

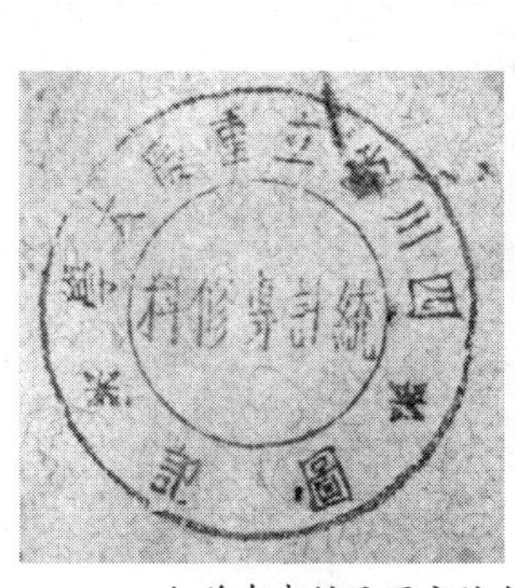

加盖在我馆民国文献上的三号馆藏章

四川省立重庆大学阶段（1935 年至 1942 年初）的章目前只见此一枚，为彼时统计专修科的专用章。统计专修科成立于 1939 年，是最初为尽量多招收抗战内迁入渝无学可上的学生们而特设的临时专业，后设为正式招生的系科，1952 年全国系科调整时调至成都。而在 1942 年年初，“四川省立重庆大学”升为“国立重庆大学”，所以该章的使用时间应该是

1939 年至 1942 年期间，仅三年。

四号馆藏章

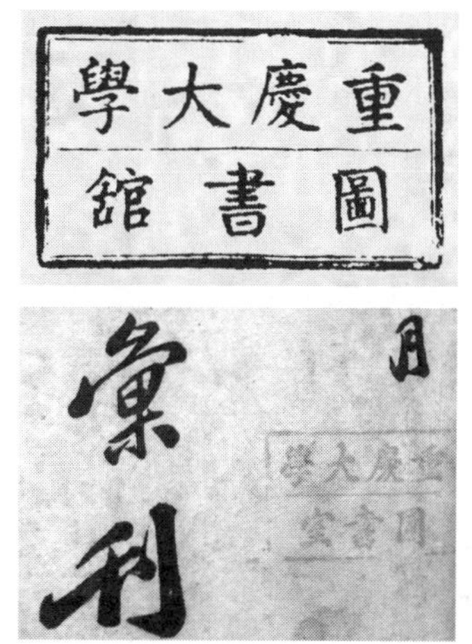

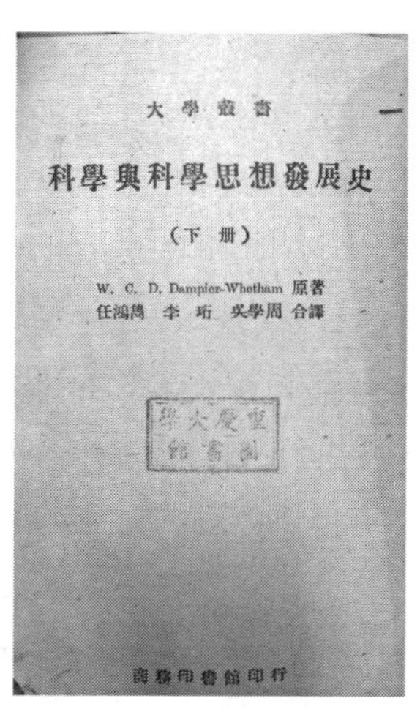

四号馆藏章标准照及加盖在我馆民国文献上的红色、蓝色版本

四号馆藏章在民国书籍中的使用率同样很高。但具体使用时间非常模糊，特别点在于，民国书籍中红色的馆藏章除了“审讫”的红色大字章之外罕见，仅一枚章有红色版。

五号馆藏章

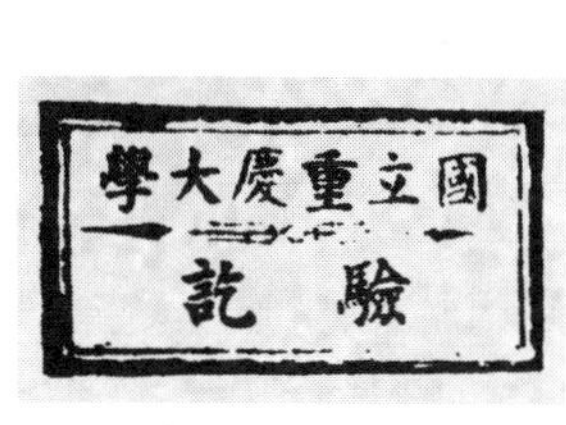

五号馆藏章标准照及加盖在我馆民国文献上的馆藏章

五号馆藏章出现频率非常高，初见于20世纪40年代国立阶段，使用时间估算为1942年至1949年，这一期间的书基本全部加盖此章，至今在多类民国书籍中可见。20世纪40年代是重庆大学发展的第一个黄金时期，系科设置院系发展飞速而强大，购书的渠道也从国内拓展到了国际，因此这一阶段的书非常多，品相较好，保存至今的书籍总量庞大，自然这个章的出镜率随之高涨。

第六类馆藏章　系科图书室的馆藏章

第六类的章是各学院系科图书室自己制作的藏书章，最后在20世纪50年代中期系科调整后统一收归于图书馆，因数量太多不做编数，统一称为“第六批次”。

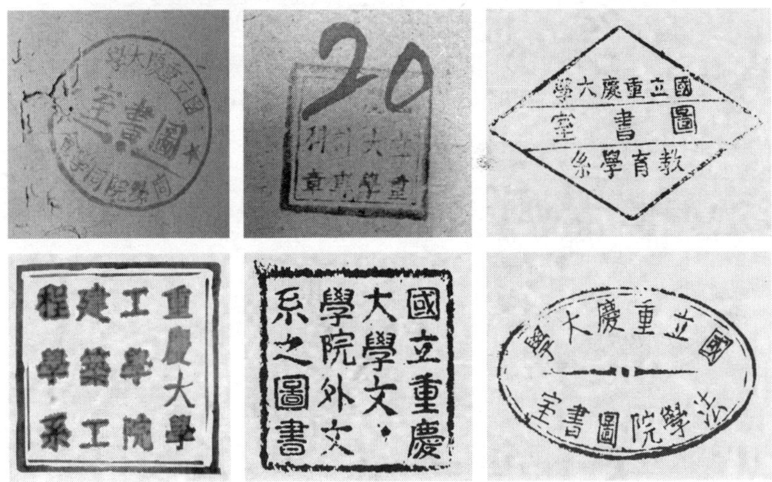

第六类馆藏章合影

经历了抗战内迁、融合、升级为国立大学等重大事件，1942—1949年这一阶段的重庆大学院系学科发展迅速，奠定了重庆大学多学科综合性大学的基础。各学院系科纷纷设置本院、系、科的图书室，并配备对应的藏书章。在馆藏现存资料中我们能找到的章至少有十余枚，如法学院、教育学系、工学院建筑工程学系、商学院同学会、文学院外文系、统计专修科。

院系科书籍入藏图书馆之后，图书馆统一加盖了馆藏章，部分还有清晰钢印，所以一本书上出现了系科图书室章、图书馆章、图书馆钢印、“验讫”等多种馆藏标志。如果发现这些字样同时出现的书籍，则可以迅速判断出该书为1942年至1949年之间入藏。

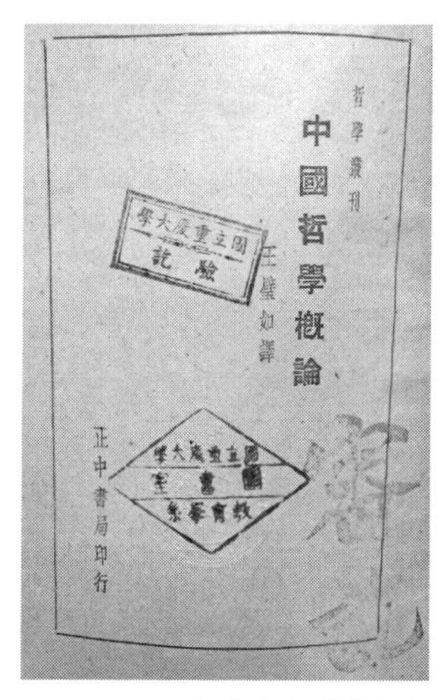

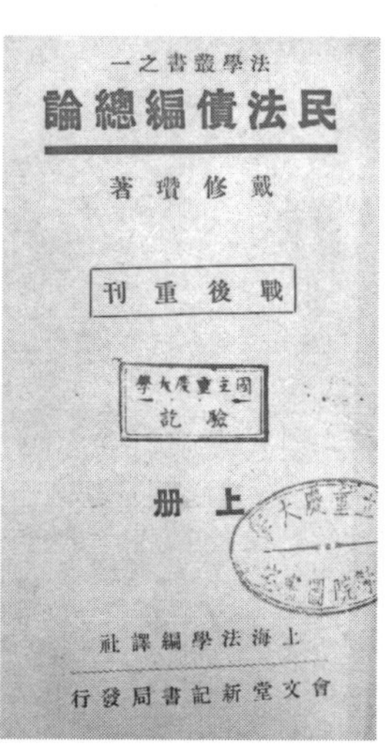

加盖在民国文献上的第六类馆藏章

第七类馆藏章　不是我们图书馆的章

除去以上的章，还有一类章非常具有代表性，那就是在渝高校互相赠阅的书籍，如国立上海医学院、国立中央工业专科学校、乡村建设育才学校等高校的图书馆藏书。这些高校或是抗战内迁入渝，或是在重庆土生土长，都是重庆高等教育史的见证者与亲历者。图书馆馆藏的不仅仅是书籍，更是一段段鲜活的历史。

加盖在民国文献上的第七类馆藏章

图书馆作为盖章的密集点，各类千奇百怪的失败章真是太多、太多。

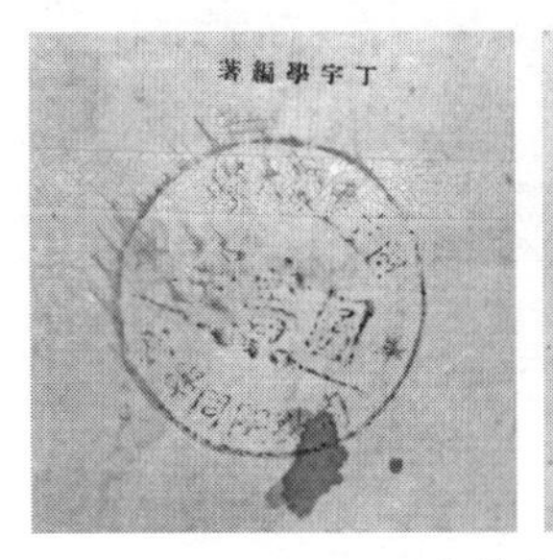

加盖在民国文献中严重失误的馆藏章

第八类馆藏章　1949 年之后

新中国成立以后一直到 20 世纪末，在长达半个世纪的时间里，我们的馆藏章严格贯彻“万变不离其宗”的标准，变换出无数相似的形态。

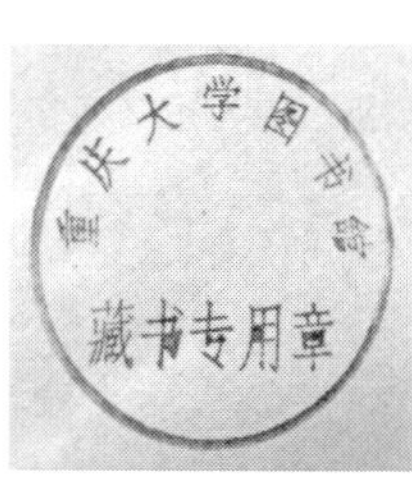

“原型”

加了个星星

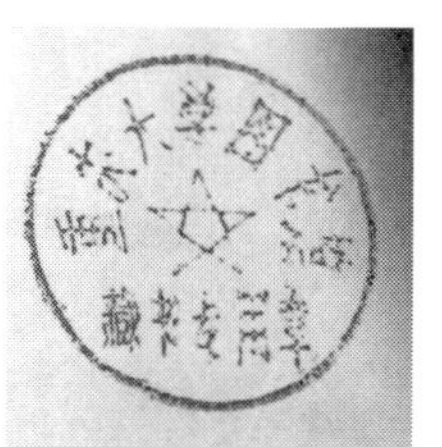

星星有所变化

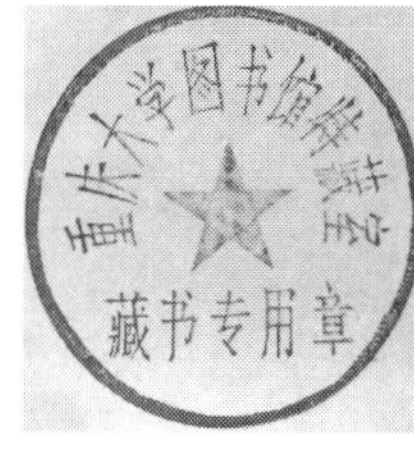

星星变成了实心

多了一颗星星

“拍扁了”

特别说明，在这一阶段中椭圆形章出镜率最高，约 20 世纪七八十年代开始使用，一直使用到 21 世纪初，如今在我馆高流通率书籍中几乎随处可见。

第九类馆藏章　特殊的馆藏章

这是几枚非常特殊的章，服务历史，也见证历史。

一枚是“重庆建筑大学图书馆”章，一枚是“中国人民解放军基建工程兵学校”曾用图书馆章。两所学校于 2000 年合并入重庆大学，即为如今的重庆大学 B 区和 C 区，三校的图书现都统一盖上了重庆大学图书馆的馆藏章。

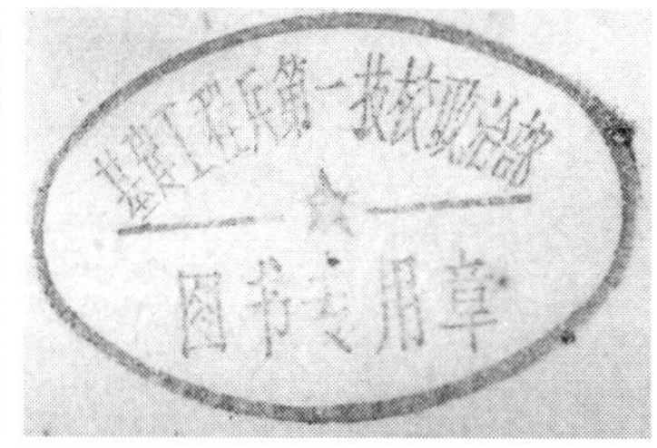

左图为重庆建筑大学图书馆馆藏章，右图为基建工程兵第一技校政治部图书专用章

需要说明的是，B 区图书馆建馆于 20 世纪 50 年代，初为重庆建筑工程学院图书馆，1994 年更名为重庆建筑大学图书馆。这些章直接见证了我校的历史沿革。

重庆建筑工程学院馆藏章钢印与加盖于馆藏图书上的印记

第十类馆藏章　现在使用的各类章

这一批次的章多为如今流通使用的章。包含“馆藏专用章”“特藏章”“珍藏章”“捐赠专用章”。

2014 年前后，我馆启用新馆藏章，首次使用图案入章，将馆徽中“1930”的元素与书页、中英文“重庆大学图书馆字样”相结合，形成了非常灵动的新章。自 2014 年入藏的书籍文献均有此标志。

图书馆现在采用的馆藏章

特藏章与新馆藏章几乎同时启用。此章为文科馆藏书专用。文科馆藏书不外借，仅在文科馆内查阅，借阅书中几乎看不到这个章。而文科馆藏书有复本时会移动至阅览室，所以偶尔也会在阅览室里借阅到有此章的书籍。

图书馆文科馆现在采用的馆藏章

2015 年年底，珍藏室启用专门印章。凡新入珍藏室的藏品均加盖此章。这枚章的“第一印”诞生于 2016 年 3 月 28 日，贵州民族大学图书馆捐赠水书经典《九星诵读卷》手书精品，在卷首、卷中、卷尾各加盖一印，同时也宣布这枚“珍藏章”正式启用。

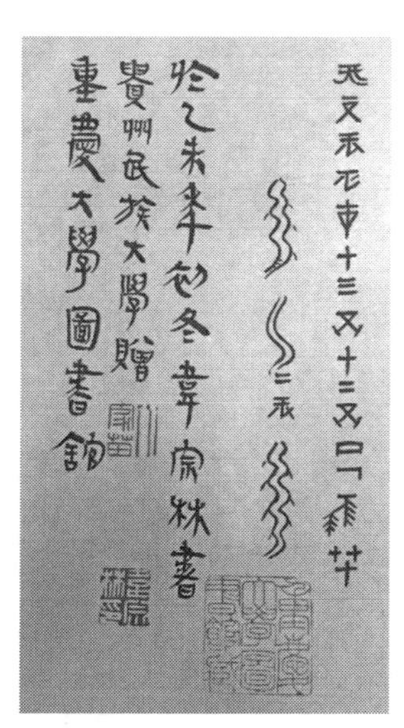

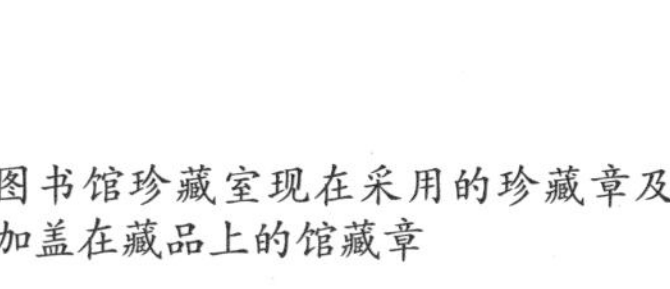
图书馆珍藏室现在采用的珍藏章及加盖在藏品上的馆藏章

2019 年 3 月捐赠专用章启用，图书馆所接收图书全部加盖此章。在设计中加入馆徽元素，“赠阅”二字表明来源和用途，使用蓝色印泥，

与馆藏章相得益彰。

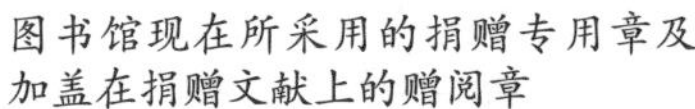
图书馆现在所采用的捐赠专用章及加盖在捐赠文献上的赠阅章

古有“书以印为贵”，图书印章承载着文化变迁、历史痕迹及时代缩影，馆藏印章则见证了图书馆的发展轨迹，代表着图书馆的变革及进步。为了时刻触摸历史，我馆选出一些印章“集聚”在茶杯上，成为别具一格的馆藏章纪念品。一边品茶一边欣赏印章，历史在茶香中更显悠长。

以图书馆馆藏章元素为主设计的茶杯

（图片稿件由虎溪馆、理工馆、建筑馆、特藏部提供，

文字稿件由王彦力综合整理）

从历史中走来——珍藏文献的故事

1929 年重庆大学成立，1930 年重庆大学图书馆成立。

短短一行字标志着无数大事的发生，后来者很难从字里行间琢磨出故事原本的模样，也许会因此认为历史就是一些尘封的文档、书卷，被层层灰迹掩埋；可是当亲手触及时，一个庞大的故事却由此而展开，那些从历史中穿越过来的人和事，风尘仆仆，却神采奕奕。

忆往昔，峥嵘岁月

1930 年重庆大学图书馆正式成立，化学教授彭用仪先生担任首任图书馆馆长。1933 年，学校迁入沙坪坝永久校址，第一座图书馆随之启用。

20 世纪三四十年代的书库，左为西文书架，右为中文书架

经过几年的艰苦积累，到1935年2月，图书馆藏书量已达32914册，包含宗教、哲学、社会科学、语文学、自然科学、艺术、文学、史地、应用技术及其他多个大类；另有金石碑刻拓本统计表871件及中外各类杂志4422册。

学校在办学经费紧张、战争爆发、物价飞涨的情况下艰难发展，在1940年5月的图书统计中，中文图书已达44690册、西文图书已达17173册。重庆大轰炸期间，图书馆被迫转移至防空洞中，由于重庆“山城”的特殊地形，防空洞遍布校园，临江路下、风雨操场底部，甚至图书馆周围坡底下都零散分布着防空洞。这些防空洞结实而宽阔，是躲避战火的绝佳之处。然而重庆大轰炸持续了数年，尽管有防空洞的庇护，因战火而损失的文献资料依然众多，而最难以释怀的，是这些损失的文献几乎无法统计。

抗战胜利后，学校在政府规划下大量接受敌伪书籍资料，1947年，国民政府教育部明文规定“后方各省国立专科以上学校之图书、仪器及各种教育设备，应尽力求充实”，据此学校进行了大规模的图书采购，其中仅直接在国外采购的图书就达到两千余册。截至1949年底，重庆大学图书馆馆藏图书为58981册，其中古籍有28095册。

彼时的图书馆经历了数年的动荡依然巍峨屹立。然而这份宁静并未一直延续，以至于多年后的今日，很难不扼腕叹息。

回望眼，仰天长啸

20世纪50年代初期，重庆大学图书馆搬进了新馆舍，高校系科调整大潮涌来，调整离开重庆大学的系科带走的书目总额多少不一，但毫无疑问图书馆在一次又一次“随院系迁移”中规模骤减。而若说50年代的系科调整是“分崩离析”，那么六七十年代对馆藏文献的伤害，则算是“肉体上的摧残”。

为避免人为破坏，大批的线装书及民国文献不得不转移至风雨操场的防空洞中暂时存放。风雨操场原是一个大池塘，根据池塘的地势在最底部修建舞台，四周随地势修建环状层级台阶，防空洞位于环状层级台阶的正中部。洞里空间狭小，昏暗潮湿，密不通风，虫鼠猖獗，终年难见阳光，这样的存放条件对于装帧尚可的线装书已是难以承受之痛，对于纸张奇差的民国文献而言，堪称“穷途末路”。

20 世纪六七十年代的风雨操场全貌

风雨操场仓库存放期间，这些线装书和民国文献躲过了厄运，除却存放环境造成的伤害，人为破坏的部分较小，集中在搬迁、堆叠、取放等过程中。东楼落成后，敞亮的新环境让这些艰难存活的线装书和民国文献终于找到了安身立命之地。

然而 1988 年，馆舍空间日趋紧张之下线装书再次离开图书馆，交由社科系代管。社科系楼即重庆大学著名的“第一教学楼”，该楼修建于 1933 年，是我校第一栋落成的建筑，是沙磁文化区非常重要的文化汇集地，周恩来在此曾发表重要讲话。然而岁月并没有厚待它，在 20 世纪 80 年代末期时已亟待修缮。

所有的线装书都存放在这栋楼的小阁楼中，此时的线装书和民国文献是什么样子呢？霉变、受潮、鼠咬、虫蛀、损坏、糅杂、粉尘、絮化……数不胜数的问题同时存在，散发着浓烈异味，所有的情绪在此情此景面前，化作了一声叹息。

筚路蓝缕，以启山林

1995 年，这批饱经磨难的线装书和民国文献终于回到了图书馆，颠沛流离的旅途终于结束，从此不再离开。1995 年 6 月，东楼小二楼的会议室里，前辈们依靠着“蓝大褂”、薄口罩、浆糊剪刀等简单工具和防护措施，开始了艰难的整理之路。

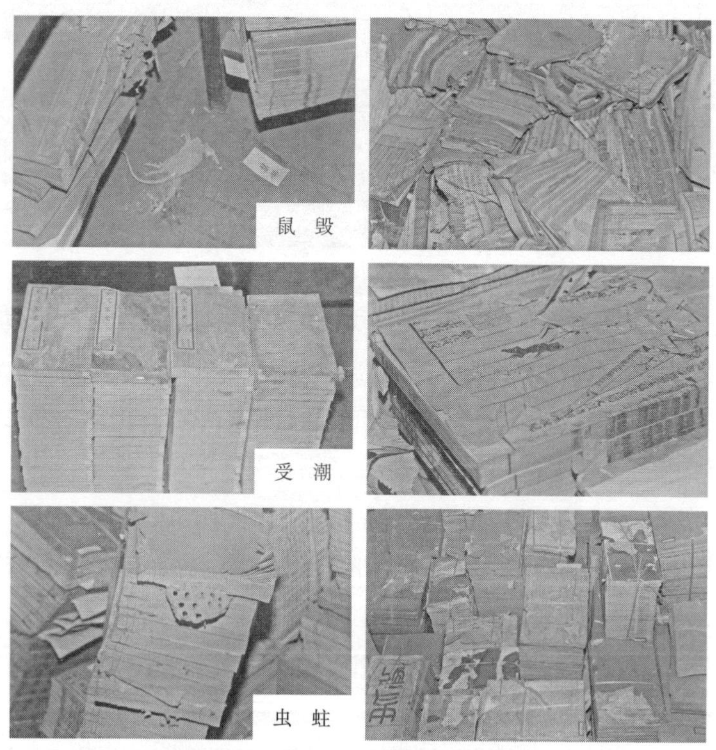
鼠 毁
受 潮
虫 蛀

古籍及民国文献在重回图书馆后的状态

临时特藏室原为会议室，墙壁上还挂着“图书馆逸夫楼竣工验收”的手写标语。在逸夫楼竣工的喜悦中，张良芝老人和王秀秀老师开始整理工作。

整理工作按民国报纸、民国图书期刊、线装书逐一进行，先清点、分类、整理，然后吸尘、扫灰、核对，最后切割、装订、贴标签；民国报纸的整理在以上程序之外，还增加了机器切边这一程序。在切边以及后来上架的过程中，甘再伟等老师加入了整理团队。

线装书整理过程

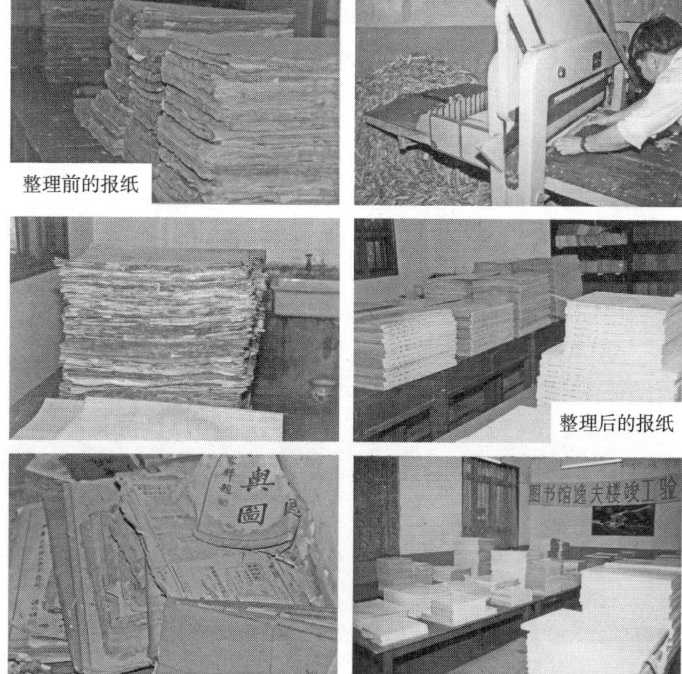

整理前的报纸

整理后的报纸

民国报纸整理

民国图书与期刊整理

所有文献整理完毕之后，前辈们规划好各自的存放地，开始有序上架。簇新的报柜、书柜填满了民国报纸、民国期刊、民国图书、线装书，充实而整洁。

王秀秀老师、甘再伟老师正在上架线装书

民国报纸库

线装书库

民国期刊库

民国图书库

1997 年整理完毕后特藏室留影

这些书报柜在后来的二十多年时间内，随着所藏文献辗转多处，2007 年搬迁至逸夫楼二楼；2015 年东楼重整完毕，文献和书报柜全部迁移至东楼四楼珍藏室，恒温恒湿的储藏条件让这些颠沛流离半个世纪的文献终于“过上了好日子”。2020 年 9 月珍藏室进行环境改造，这一批书报柜中有一部分已经衰朽无法再修补，被迫淘汰，而完好的部分依然坚守在珍藏室，像三十余年来的每一个时光。未来的日子，它们依然相依相伴。

位于 A 区图书馆东楼四楼的珍藏室现状

特藏室的人，对得起前人，也对得起后人

几位前辈有着非常敏锐的资料记录意识，从开始整理到整理完毕，每个节点上都用心留下了相片，这些相片详细记录了整理的前后过程。后来王秀秀老师将这些相片整理成册，部分相片还贴上了白色标签。2015 年 11 月，王秀秀老师应特藏部之邀来到东楼珍藏室，通过厚厚的一本相册向我们讲述了如今珍藏室内存放的古籍及民国文献的来龙去脉，我们迅速将这些珍贵的相片扫描，本文中所用的大部分相片都来自此相册。数字资料的保存期可谓永远，这一段故事的生命也将因此而得到永存。

1997 年特藏文献整理完毕之时，张良芝老人在整齐的特藏室里安静坐下，在线装书柜旁拍了一张相片，并留下一首诗：

八十老人何所求，常为古籍多烦忧。

残年未敢惜余力，偏抱病体上书楼。

张良芝老师在特藏室的留影和她写下的诗

相片中，老人安静地坐着，面对着有序而安全的特藏文献陈列室，露出了难得的微笑。特藏文献整理收尾后，张良芝老人和王秀秀老师共同留下了两份总结文件。其中一份讲述了特藏室内所存文献艰难的保存之路，并详细记录了珍藏文献的种类、数量；另一份则讲述了他们整理特藏文献的全部过程、经济账目，以及这些文献的贡献。

中华民族有数千年的历史，在漫长的历史长河中，我们的祖先创造了灿烂的古代文明，使我国进入了文明发达最早国家的行列。我们祖先给我们留下了丰富的和极其珍贵的文化遗产，古籍是文明历史的标志，中国的古籍无疑是每个中国人的骄傲。

建国以来，党和政府十分重视保护、整理和利用文化遗产和历史资料，其中古籍是最重要的部分，1950年5月24日，政务院为规定古迹、珍贵文物、图书及希有生物保护办法，颁发了有关法令，规定：今后对文化遗产的保管工作为经常的文化建设工作之一。之后，中央又就古籍整理工作颁发了文件，中央认为：整理古籍把祖国的宝遗产继承下来，是一项十分重要的工作。1975年10月周总理通过国务院下达给国家文物局和北京图书馆负责人的指示中指出：要抢救古籍、要尽快把全国善本书目编制出来。这一指示对于系统地、全面地整理善本古籍以及更有效地利用古代文化遗产有着十分重要的意义。

1988年，因馆舍紧张等原因，我馆线装书交社科系代管，由于该系缺乏管理能力和存放条件，造成这批线装书严重受损。

1995年新馆建成后，我馆决定收回这批书籍，恢复特藏室、连同解放前的报刊和图书统一管理。从1995年5月至1997年6月，历经两年，清理工作园满结束。两年来，特藏室共清点，整理民国报纸86种、1088册；整理民国期刊、2552种、5541册；整理民国图书9500多册、清点、整理古籍文献2760部、27227册，并新收入《南方政府公报》20函、《蜀中名胜选集》3册。

特藏室在完成清理以上资料的同时，还完成了我校教师著作和博士论文存列室的筹建工作，目前已开始收集资料。

一九九七年十月

1997年10月特藏室验收完毕后馆员写下的总结

该总结全文如下：

中华民族有数千年的历史，在漫长的历史长河中，我们的祖先创造了灿烂的古代文明，使我国进入了文明发达最早国家的行列。我们祖先给我们留下了丰富的和极其珍贵的文化遗产，古籍是文明历史的标志，中国的古籍无疑是每个中国人的骄傲。

建国（中华人民共和国成立）以来，党和政府十分重视保护、整理和利用文化遗产和历史资料，其中古籍是最重要的部分，1950年5月24日，政务院为规定古迹、珍贵文物、图书及希（稀）有生物保护办法，颁发了有关法令，规定：今后对文化遗产的保管工作为经常的文化建设工作之一。之后，中央又就古籍整理工作颁发了文件，中央认为：整理古籍把祖国的宝（贵）遗产继承下来，是一项十分重要的工作。1975年10月周总理通过国务院下达给国家文物局和北京图书馆负贵（责）人的指示中指出：要抢救古籍、要尽快把全国善本书目编制出来。这一指示对于系统地、全面地整理善本古籍以及更有效地利用古代文化遗产有着十分重要的意义。

1988年，因馆舍紧张等原因，我馆线装书交社科系代管，由于该系缺乏管理能力和存放条件，这批线装书严重受损。

1995年新馆建成后，我馆决定收回这批书籍，恢复特藏室、连同解放前的报刊和图书统一管理。从1995年5月至1997年6月，历经两年，清理工作园（圆）满结束。两年来，特藏室共清点：整理民国报纸86种、1088册；整理民国期刊2552种、5541册；整理民国图书9500多册、清点、整理古籍文献2760部、27227册，并新收入《南方政府公报》20函、《蜀中名胜选集》3册。

特藏室在完成清理以上资料的同时，还完成了我校教师著作和博士论文存列室的筹建工作，目前已开始收集资料。

一九九七年十月

我馆的古籍上起宋代，下至明、清，跨度好几百年，是先人留下的文化遗产。其中善本书5种125册，属国家级文物。其它书刊资料中抗战史料所占比例很大，是研究抗战时期政治、军事、经济、文化和教育的材料宝库。过去因馆舍等原因，几万册书刊被闲置或堆放在社科系的阁楼里达7、8年之久，历经鼠毁、虫蛀、尘封、潮浸，几乎成为一堆垃圾，特藏室的同志几经辛苦，还其本来面目，为之付出了极大的精力，其中的艰辛，一言难尽。

4万多册积满灰尘、破烂不堪的书刊，需要一本本地除尘，一页页地熨烫，特藏室的同志不是不懂得艰苦，为了对得起前人，为了对后人负责，为了挽救这批文献资料，大家团结协作、勤奋工作，终于给这次抢救工作划上了圆满的句号。

从开始到结束，特藏室的编制始终保持2人，但他们除了完成43000多册书刊资料的清点，整理、加工外，还协助工人清理、粉刷和美化环境250多平方米；改造、修理、清洁旧书柜、旧目录柜、旧书箱等近200件。多次协助工人补漏以及进行防盗门窗的安装等，凡自己能做的，决不再花钱请人做。在这次清点、装订中，他们自己动手修补书刊2000多册，为国家节约装订费2000多元。大家勤俭、廉洁，买设备的回扣全部上交，卖废纸的钱也不私分、装订书刊共切下废纸花近1000斤，每斤0.15元，共计140多元，全部用于购买装饰品美化书库。此外，特藏室还开展了大量对外咨询、利用资料几十篇，为《重庆市教育志》、《重庆沙坪坝地方志》、《重庆大学校史》、《海峡两岸关系史丛书》等的撰写，提供了不少资料。

一九九七年十月

1997 年 10 月特藏室馆员关于整理过程的总结

该总结全文如下：

我馆的古籍上起宋代，下至明、清，跨度好几百年，是先人留下的文化遗产。其中善本书 5 种 125 册，属国家级文物。其它（他）书刊资料中抗战史料所占比例很大，是研究抗战时期政治、军事、经济、文化和教育的材料宝库。过去因馆舍等原因，几万册书刊被闲置或堆放在社科系的阁楼里达7、8（七八）年之久，历经鼠毁、虫蛀、尘封、潮浸，几乎成为一堆垃圾，特藏室的同志几经辛苦，还其本来面目，为之付出了极大的精力，其中的艰辛，一言难尽。

4万多册积满灰尘、破烂不堪的书刊，需要一本本地除尘，一页页地熨烫。特藏室的同志不是不懂得艰苦，为了对得起前人，为了对后人负责，为了挽救这批文献资料，大家团结协作、勤奋工作，终于给这次拯救工作划（画）上了园（圆）满的句号。

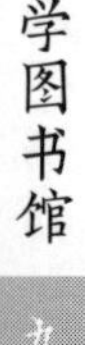

从开始到结束，特藏室的编制始终保持2人，但他们除了完成4.3万多册书刊资料的清点，（、）整理、加工外，还协助工人清理、粉刷和美化环境250多平方米；改造、修理、清洁旧书柜、旧目录柜、旧书箱等近200件。多次协助工人补漏以及进行防盗门窗的安装等，凡自已能做的，决不再花钱请人做。在这次清点、装订中，他们自己动手修补书刊2000多册，为国家节约装订费2000多元。大家勤俭、廉洁，买设备的回扣全部上交，卖废纸的钱也不私分、装订书刊共切下废纸花近1000斤，每斤0.15元，共计140多元，全部用于购买装饰品美化书库。此外，特藏室还开展了大量对外咨询、利用资料几十篇，为《重庆市教育志》《重庆沙坪坝地方志》《重庆大学校史》《海峡两岸关系史丛书》等（书）的撰写，提供了不少资料。

一九九七年十月

“特藏室的同志不是不懂得艰苦，为了对得起前人，为了对后人负责。”

每每读到这句话总难以掩饰动容，作为特藏人，从事特藏工作是本职，然而“工作”和“使命”是完全不同的意义，前辈们是把普通的工作当作了一份使命，否则不会如此坚持和尽责。如今珍藏室内环境优越，一本本泛黄脆弱的特藏文献铭记了曾经特藏人的辛苦与付出，也将镌刻上如今特藏人的坚守与传承。

当历史的演绎者站在自己面前讲述着那些自己创造的故事时，历史会变得格外的生动与鲜活。字里行间的人物一个个活跃起来，把那些五彩斑斓的岁月娓娓道来，所有的一切都变得平和安详，却具有强大穿透力，让人在那些断断续续的句子中亲身走进最真实的场面。

这些故事的创作者就是和我们一样的图书馆馆员，他们用自己的时光在方寸之间细细描画最美的风景，从长衫长袍到蓝布简衣再到西装革履，特藏的空间里总有人在坚守，每一个角落都有他们的故事，每一个角落都散落着他们的光阴，每一个角落都记录着他们曾经在重大图书馆里的点点滴滴。

（2015 年王姝、唐雪梅、王彦力在珍藏室采访原特藏室退休老师王秀秀

珍藏室整理图片由王秀秀提供

文字稿件由王彦力整理供稿）

离开，是为了更好地回归——重庆大学C区图书馆搬迁

C区图书馆概况

重庆大学C区图书馆原为重庆建筑高等专科图书馆，建于1978年，现有馆址于1989年7月竣工，建筑面积5538平方米，书库8层，有开放式阅览室4间，另有若干专题阅览室。2000年5月，原重庆大学、重庆建筑大学、重庆建筑高等专科学校三校合并组建成新的重庆大学，图书馆也随之合并。因学科调整，图书馆馆藏布局随之调整，2010年C区图书馆成为历史文献中心，主要收藏低利用率的书刊，共藏书、刊、报纸约60万余册，20世纪50年代的俄文图书、俄文过刊，20世纪80年代以前所有的中文图书、日文过刊、英文过刊、报纸合订本均藏于此。

C区图书馆开馆42年以来，服务了数万名师生，充分发挥了文献支撑、文化育人的功能。从图书馆业务系统有记录（1995年）以来，共借出图书675271册，归还图书674776册。根据《重庆大学图书馆事实数据与运行报表》统计，2013年以来，共接待读者56098人次。图书馆的每一个角落，每一列书架，每一张桌椅，读者在每一本书上留下的印记，都书写着图书馆的历史，珍藏着读者的记忆。

重大C区图书馆全貌

重大C区图书馆书库

重大 C 区图书馆阅览室

C 区图书馆正式搬迁

按照学校规划部署，2019 年 3 月 18 日，学校正式通知 C 区图书馆整体搬迁，移交给重庆大学医学院另作他用。虽有千般不舍，但图书馆积极响应学校总体安排，开始策划搬迁各项事宜。

图书馆在积极准备搬迁各项工作的同时，一直坚持服务读者，直到 2019 年 11 月 18 日，校庆九十周年后的一个月零六天，重庆大学图书馆官网正式发布通知，C 区图书馆正式闭馆。

C区图书馆闭馆通知

发布时间：2019-11-20

C区图书馆闭馆通知

各位读者：

按学校统一部署，2019年内C区图书馆整体迁出，全楼移交医学院另做他用。故C区图书馆于即日起将全部关停，开始进行图书搬迁工作。

C区图书馆自上世纪八十年代开馆以来（先后为中国人民解放军基本建设工程兵学校图书、重庆建设工程学校图书馆、重庆建筑高等专科学校图书馆），三十余年中服务了数万名师生。现图书馆结束其重要的历史使命，C区校园暂无图书馆服务，故请对文献有需求的读者前往A区、B区和虎溪图书馆。

为此给您带来的不便，敬请体谅！

重庆大学图书馆

2019年11月18日

C 区图书馆闭馆通知

2019 年 11 月 17 日，C 区图书馆闭馆前一天，借出了最后 4 本图书，在此辑录如下，以资纪念。

读者姓名：田某，性别：女，读者号：2018 × ×103，学院：继续教育学院，所借书单如下：

2019 年 11 月 17 日田某借书清单

书名	作者	ISBN	出版社	出版日期
虹	［英］D. H. 劳伦斯著	7-5327-3180-4	上海译文出版社	2004
中华灯谜鉴赏	邱景衡编著	7-80002-030-4	人民日报出版社	1989
唐璜	［英］拜伦著	978-7-02-006259-1	人民文学出版社	2008
佛罗伦斯月光下	［英］萨默赛特 · 毛姆著	978-7-305-05068-8	南京大学出版社	2007

搬迁工作记事

为保证 C 区图书馆馆藏及设备设施顺利搬迁安置，图书馆成立了搬迁工作小组。小组成员有：杨新涯、唐孝云、李卫红、周剑、孙锐、胡晓、邓朝全、王彰红、王彦力、刘玲、王江。杨新涯馆长为总指挥，唐孝云

搬迁工作小组召开现场工作会议

副馆长为搬迁现场协调人。在杨新涯馆长的统一指挥下，小组成员分工负责、落实完成搬迁的各项具体工作。搬迁工作之初，杨新涯馆长明确提出：C 区图书馆搬迁，涉及全馆馆藏布局，不仅仅是简单地把 C 区图书馆的书刊找地方安置，更要从全馆馆藏布局的高度来看待这件事，利用 C 区图书馆必须搬迁的外力进一步优化馆藏布局，拓展馆藏空间。

清理图书和设备资产

C 区图书馆是历史文献中心，馆藏量大，设施设备多，搬迁前最重要的工作是资产的清查。C 区中心主任刘玲做了很多认真细致的工作，对书刊、设施和设备进行了全面清理和统计，彻底摸清了家底。

馆藏总量

文献类型	数量 / 册	备注
学位论文	5500	
报纸装订本	7000	仅 824 册有馆藏数据
图书	380321	有 28000 余册英文书馆藏地不在 C 区
期刊装订本	245674	
合计	638495	

书架及设施设备

类型	数量	资产状况
报柜	182 列	可用
密集书架	654 列	可用
双柱金属书架	603 列	可用
木质书架	144 列	可用，少量破损
单柱金属书架	512 列	图书馆淘汰产品
大阅览桌	20 张	破损
小木桌子	107 张	可用

续表

类型	数量	资产状况
小木凳子	156 张	可用
除湿机	4 台	可用
台式计算机	4 台	可用
笔记本电脑	1 台	已达报废年限
3 匹柜式空调机	29 台	6 台可利用，其余报废
电视机	1 台	可用
机柜、光纤模块	1 组	已达报废年限

书刊安置原则和搬迁计划

在摸清馆藏图书及所有设施设备的基础上，制定搬迁安置原则如下：

图书分两种方式存放：密集架存放和打包存放。书刊不进行射频识别技术（RFID）加工，仅提供闭架服务。俄文书刊搬迁到四川外语学院图书馆，与川外共建俄文文献基地。理工馆和建筑馆新建密集书库，虎溪馆、理工馆优化馆藏空间，提升容纳能力。C 区修缮好两个过渡地点，搬迁工作小组梳理了搬迁工作具体事项，落实了负责的部门，规定了完成的时间，形成工作计划细分表：

搬迁工作计划细分表

序号	事项	负责部门	完成时间
1	交付川外的俄文书刊搬运。	历史文献馆	2019 年 9 月
2	请基建处对理工馆采编部和建筑馆一楼书库、负一楼 108、110、112、113、115 室进行荷载测试，或进行必要加固。	综合办公室	2019 年 9 月
3	请后勤处对 C 区两处房屋［C 区第一教学楼（楼栋编号：G-C030-1］、［C 区新办公楼（楼栋编号：G-C030-2）B2 层］进行维修、防潮处理。	综合办公室	2019 年 9 月

续表

序号	事项	负责部门	完成时间
4	请后勤处对B区图书馆负一楼房间清理修整［负一楼108、110、112、113、115室（原复印室）］。	综合办公室	2019年9月
5	密集架招标采购。	孙锐、邓朝全	2019年9月
6	打包、搬运工作招标。	综合办公室	2019年9月
7	资源部场地清理，人员及书架、桌椅撤离。	资源部	2019年10月
8	B区图书馆一楼书库过刊下架堆放，场地清空。	建筑馆	2019年10月
9	进入C区临时存放点打包图书入库。	历史文献馆	2019年10月
10	A、B区密集书架安装。	综合办公室	2019年11月
11	C馆分流旧书架、密集架拆装。	综合办公室	2019年11月
12	C馆调拨到A、B区的图书搬迁。	历史文献馆	2019年12月
13	A、B区密集库图书调拨及加工入库。	理工馆　建筑馆	2020年8月

经费申请

2019年7月19日，学校召开校长办公会2019年第18次会议，同意图书馆预估支出经费209.59万元的申请。搬迁经费主要涉及A、B区密集书库建设、书刊及设施搬迁、空间修缮及其他不可预见的费用等。图书馆据此上报校财务，搬迁经费很快划拨到账。

密集书架采购与搬迁项目招标

2019年底，经重庆市招标办政府采购公开招标，江西阳光安全设备集团有限公司中标密集书架采购项目，合计采购密集书架1190立方米。受新冠肺炎疫情影响，厂家停工长达3个月之久，直到2020年4月12日，密集书架才得以交付，半个多月后，安装调试完成。

书籍搬运项目由综合办主任周剑牵头公开招标，重庆棒棒军搬家公司在 11 个投标公司中，以最低价中标。在实际的搬运工作中，由于不可预见的家具设施分流、馆藏调整等工作，有不少增项，均通过集体讨论、沟通协商达成，因此实际支付费用超过中标费用。

场地腾空与修缮

理工馆逸夫楼负一楼和建筑馆书库一楼是新建密集书库所在地，需要在密集书架到货前彻底清理并满足密集书架安装的要求和密集书库的采光要求。

建筑馆过刊书库约 5 万册过刊全部下架，建筑馆负一楼清理修缮了 3 间房屋，安装了从 C 区图书馆拆除的旧密集书架。

对 C 区过渡点进行了维修，但由于过渡点条件太差，无法进行更多的改造，仅增加了灯光，进行了墙面处理，维修了门窗，勉强可以堆放书刊。

虎溪馆积极腾挪空间，以便能放置更多的书刊。九楼、七楼、五楼通过调整，清理出近 650 平方米空间，同时对部分阅览桌椅进行适度调整，最大限度提升储藏能力，全力支持 C 区搬迁。

理工馆也重新布局了创新中心，适当缩小了读者阅览区面积，摆放了木质书架，增加了藏书的空间。场地腾空与修缮工作中，图书馆综合办公室积极协调组织，付出了辛勤的汗水，各部门也紧密配合，使工作得以顺利完成。

艰辛的搬迁工作

搬迁工作拉开序幕

重庆棒棒军搬家公司于 2019 年 12 月 25 日开始进场打包图书，C 区图书馆搬迁工作正式拉开序幕。C 区图书馆搬迁工作一开始就困难重重，杨新涯馆长带领搬迁工作组的成员，多次到 C 区图书馆检查图书打包的安全消防工作，提出合理化建议和工作支持，及时解决搬迁工作遇到的新问题，比如现场解决已打包的图书临时堆放困难的问题等。搬迁工作组的成员也群策群力，为搬迁工作提出合理的建议。

图书馆领导现场视察打包工作

搬迁之路

由于C区图书馆设备老旧、图书年代久远、种类繁多、打包堆放图书的场地有限、书库没有电梯，搬迁的所有设备、书架和图书几乎全靠人工搬运。为了加快搬迁进度，不管刮风下雨，搬迁工人肩挑背扛，克服了种种困难，付出了大量的人力物力。

现场安装卷扬机提升工作效率

工人现场搬运图书及书架

2020年初受新冠肺炎疫情的影响，搬迁工作一度中断，为了能按

时完成图书馆的搬迁工作，图书馆搬迁工作组的工作人员克服了种种困难，为搬家公司复工做好前期准备，并于 2020 年 4 月 1 日正式复工。新冠肺炎疫情期间，图书馆安排工作人员轮流值班，加强对现场工作人员防疫措施的监管。不少馆员参与了搬迁现场值班，及时解决搬迁遇到的突发问题。

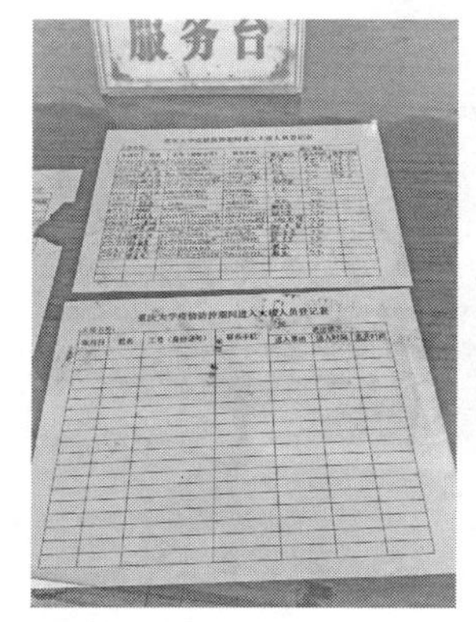

做好现场工作人员的防疫登记工作

工作人员现场指导图书堆放工作

书刊及设施安置情况

设施设备的安置情况

虎溪馆拆除并清运了九楼原研讨室 300 平方米空间场地的所有家具设施，安装 20 排 6 层双面书架，合计 210 节；七楼拆除原漂流书屋 60 平方米房间内书架，转移所有家具和设施，接收 72 组报柜；五楼清理近 300 平方米房间，临时存放双柱双面 6 层白色书架 200 余节。

理工馆积极支持搬迁工作，在原先馆藏空间极其紧张的情况下，没有占用一列密集书架，充分挖掘潜能，还安置了木质书架 70 列。

建筑馆清理了负一楼办公室，并进行了修缮，腾出了 3 个房间用来安装 C 区图书馆拆除的旧密集书架，存放了外文过刊和学位论文。

搬运到虎溪馆的书架和过刊

安装在理工馆的木书架

安装在虎溪馆、建筑馆的木质书架、报纸柜、密集架

书刊安置情况

从 4 月底开始搬运图书，历时 2 个多月，完成了书刊搬运和安置，具体安置情况如下表所示：

C 区历史文献馆书刊安置情况表

<table>
<tr><th>接收分馆</th><th>接收馆藏地</th><th>文献类型</th><th>数量/册</th><th>原 C 区馆藏地 / 册</th></tr>
<tr><td rowspan="3">A 区理工馆</td><td rowspan="2">逸夫楼负一楼密集书库</td><td>中文图书</td><td>288601</td><td>1. C 区历史文献馆外借书库（73109）
2. C 区历史文献馆书刊借阅室（7955）
3. 公共管理学院资料室（22997）
4. C 区历史文献馆历史文献库（123523）
5. 历史文献密集书库（61017）</td></tr>
<tr><td>外文图书</td><td>5000</td><td>1. C 区历史文献馆西文图书书库
2. C 区历史文献馆密集书库
3. C 区历史文献馆历史文献书库</td></tr>
<tr><td>特藏室</td><td>报纸装订本</td><td>2000</td><td>C 区历史文献馆报纸装订本阅览室（1949 年以前出版）</td></tr>
</table>

续表

<table>
<tr><th>接收分馆</th><th>接收馆藏地</th><th>文献类型</th><th>数量/册</th><th>原C区馆藏地/册</th></tr>
<tr><td rowspan="3">虎溪馆</td><td rowspan="3"></td><td>中文图书</td><td>5000</td><td>系 2018 年电子工业所回收图书</td></tr>
<tr><td>中文过刊</td><td>70000</td><td>C 区历史文献馆中文过刊密集 1 库</td></tr>
<tr><td>报纸装订本</td><td>5000</td><td>C 区历史文献馆报纸装订本阅览室</td></tr>
<tr><td rowspan="5">建筑馆</td><td rowspan="3">一楼密集库</td><td>中文过刊</td><td>89623</td><td>1.C 区历史文献馆中文过刊密集 1 库（12314）
2.C 区历史文献馆中文过刊密集 2 库（18350）
3.C 区历史文献馆中文过刊阅览室（17841）
4.C 区历史文献馆中文过刊库（41118）</td></tr>
<tr><td>外文图书</td><td>28000</td><td>1.C 区历史文献馆西文图书书库
2.C 区历史文献馆密集书库
3.C 区历史文献馆历史文献书库</td></tr>
<tr><td>日文过刊</td><td>15387</td><td>C 区历史文献馆日文过刊库</td></tr>
<tr><td rowspan="2">负一楼密集库</td><td>外文图书</td><td>10000</td><td>1.C 区历史文献馆西文图书书库
2.C 区历史文献馆密集书库
3.C 区历史文献馆历史文献书库</td></tr>
<tr><td>学位论文</td><td>5000</td><td></td></tr>
<tr><td rowspan="2">四川外国语大学图书馆</td><td rowspan="2"></td><td>俄文图书</td><td>69362</td><td>C 区历史文献馆俄文书库</td></tr>
<tr><td>俄文过刊</td><td>20343</td><td>C 区历史文献馆俄文过刊库</td></tr>
<tr><td>C 区过渡点</td><td>第一教学楼出版社借用书库、C 区新办公楼 B2 层</td><td>外文过刊</td><td>80000</td><td>1.C 区历史文献馆外文过刊密集库（60000）
2.C 区历史文献馆西文过刊库（20000）</td></tr>
<tr><td>总计</td><td></td><td></td><td>693316</td><td></td></tr>
</table>

注：1. 表中大部分数据来源为业务系统馆藏统计；2. 同一馆藏地图书搬迁至两个以上地方的数据为估算数据；3. 有些馆藏没有数据，根据搬运的情况估算。

结语

2020年7月，经过长达一年的艰辛付出，图书馆终于完成C区图书馆所有的搬迁工作，并于7月13日移交给医学部。今后，我们将会在那里看到一座崭新的医学大楼，为学校医学学科的发展贡献一份力量。希望学校能充分考虑图书馆的储藏空间严重不足的窘境，为图书馆规划新建馆舍，让在简陋环境中暂存的书刊有个好的归宿，舒展地陈列在空气新鲜阳光灿烂的书架上，以一本书该有的姿态迎接我们亲爱的读者。

（刘玲供稿）

奋斗在 90 年代的建院图书馆——汪镁口述

1990 年 4 月，重庆建院任命我为图书馆副馆长，协助肖师表馆长分管图书馆业务。当时我认为图书馆就是人们查阅图书文献信息的地方，高校图书馆就是给师生们提供借阅丰富文献资料的场地。当时建院图书馆三、四层楼有六七千平方米的面积，一千多个座位。有中文图书 40 多万册，外文图书 10 多万册，中文期刊 600 多种，报纸 45 种。工作人员有 70 多名。图书馆的业务就是编目各类文献图书、办理借阅、整理图书资料，为师生们服务。

20 世纪 90 年代汪镁在重庆建院图书馆门口

我是学物理专业的，三十多年来我一直担任物理教学并兼任党团行政工作，图书馆工作对我来说是一个全新的课题。为了尽快地适应新的工作节奏，我马不停蹄地开始了对整个图书馆各个部门的梳理工作。

当年的重庆建院图书馆已经有完善的组织班底，有办公室、采编部、编目部、流通部、阅览部、期刊部、情报室、检索室等，配备了得力的各部门主任。但我们的设施还是比较落后，仅有复印机一台、计算机一台，另外还有屈指可数的录放设备。90 年代，我在担任大学物理教学时，参观了同济大学的实验室设备，他们全校也仅有 15 台计算机。我们图书馆能有一台计算机也还是说得过去的，毕竟那个年代就只有这个条件。

我刚来图书馆不久，就遇到图书馆搬迁。阅览室的馆员们日夜轮班，清理图书。重庆的夏天，站着不动已经是汗流浃背，何况还要搬运上万册厚厚的图书，工作量之大难以想象。但是图书馆的同事们特别乐观，工作也变成了一种有节奏的交响乐，有说有笑的，搬迁这看似复杂的事情，最后也都圆满地完成了。

运转图书馆这个庞大的机器，加强纪律还是很有必要的，肖馆长自有他的绝招。年近七十的肖馆长，每天上班都是第一个来，来了他也不进办公室，而是伫立在图书馆大门，神情严肃地看着陆陆续续来上班的馆员，这样的场景下，谁也不愿意成为最后一个来上班的人。

为了适应图书馆现代化管理，我搞了一期计算机培训班，组织馆员们学习，由拥有双学位的苏丽珍负责教学。馆员们学习得非常认真，课后大家还一起讨论，可惜当时没有条件让每个人都独立进行操作，只有一位计算机管理员杜江萍来给大家做展示。在这种条件下，总算让大家接触到了现代化工具——计算机！

1992 年，我和办公室秘书伍采廷以及期刊部主任唐灵均出席并主持了全国建筑高校图工委常委会和工作年会。因为当时我们建大图书馆是建筑高校图书馆的主任馆。出席会议的有哈建院、北京建院、苏州建院、湖南建院等的馆员代表。我们总结了一年的工作，表彰了先进工作者，布置了后期工作。

同年我们又在西南农学院主持召开了图书馆工作经验交流会，取得了较好的效果。

建院图书馆庆祝活动中王公禄副院长、汪镁副馆长讲话

馆员们积极参加学院开展的“五一”“七一”庆祝活动。我组织大家表演走秀，听说要上台演出，大家热情高涨，加班加点练习，我把当时在钢铁设计院工作并且在文艺方面比较有经验的女儿也叫来充当义务指导员，虽然服装都是大家自己搭配的，并不专业，但是台上的人表演得很卖力，台下的人看得也很开心，演出过程中人们爆发出欢乐的笑声和热情的掌声。

图书馆模特队表演留影

图书馆有70多位员工，我更多的时间是花在了馆员们的思想工作上。大家喜欢跟我谈心，楼上楼下走一趟，就有不少的意见要听，这也让我了解了他们的要求，包括创收、资源等。当年主管图书馆的王公禄副院长对我们的工作给予了最大的支持！我和肖馆长有大量的事情要做，更主要的是希望把图书馆办成学生成长的基地，成为大学生的第二

课堂，以及推进大学生素质教育的重要基地，从高校图书馆是高等院校办学的三大支柱来讲，还相差甚远，但我们一直在努力。首先让我们的馆员们知道我们的责任、我们的使命，指导学生利用图书馆的信息资源，让他们丰富自己、完善自己、发展自己。让他们在潜移默化中陶冶情操、实现高尚的人格升华，从而开拓思路、发现问题、深入研究，获得知识创新。

现在，重庆建筑大学与重庆大学合并了，图书馆在各方面都取得了很大的发展，不断壮大，我作为曾经为重庆大学图书馆添砖加瓦的普通劳动者感到由衷的欣慰，衷心祝愿重庆大学图书馆：越来越好，蒸蒸日上！

2020 年汪镁在家中留影

（汪镁供稿，孙锐组稿）

曾经，我们有一本公开出版发行的学术期刊

2020年夏，在走访过程中，陆续访谈了好几位图书馆的老前辈，屡屡提到这本期刊——《国外建筑科学》。

袁继利馆长因这次访谈，梳理了他在图书馆五年时光里最值得纪念的事，并认真地记录在一张粉色的纸条上，《国外建筑科学》的发行出版是其中之一。朱凡老师图书馆事业中的高光时刻是成为这本期刊的编辑部主任，至今仍然记得曾为期刊公开出版而数次奔走，以及申请成功后带来的满满成就感。李光炬馆长把珍藏的四川省新闻出版局在1993年签章的期刊登记证和登记表交给我，说这是图书馆的重要物件，理应交还图书馆。登记证上记录了期刊的身份信息。

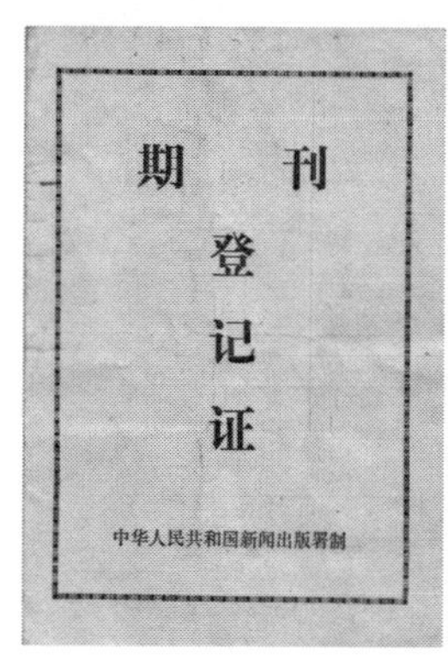

期刊登记证

中华人民共和国新闻出版署制

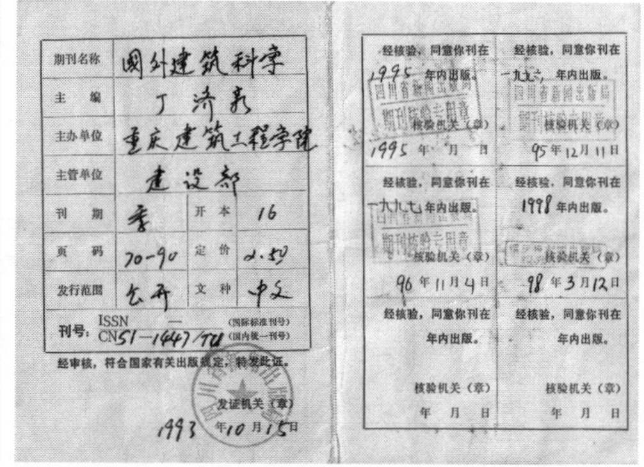

期刊名称	国外建筑科学		
主编	丁济新		
主办单位	重庆建筑工程学院		
主管单位	建设部		
刊期	季	开本	16
页码	70-90	定价	2.50
发行范围	公开	文种	中文

刊号：ISSN — (国际标准刊号)
CN51-1447/TU (国内统一刊号)

经审核，符合国家有关出版规定，特发此证。

发证机关（章）
1993年10月15日

经核验，同意你刊在1995年内出版。 核验机关（章） 1995年 月 日	经核验，同意你刊在一九九六年内出版。 核验机关（章） 95年12月11日
经核验，同意你刊在一九九七年内出版。 核验机关（章） 96年11月4日	经核验，同意你刊在1998年内出版。 核验机关（章） 98年3月12日
经核验，同意你刊在 年内出版。 核验机关（章） 年 月 日	经核验，同意你刊在 年内出版。 核验机关（章） 年 月 日

《国外建筑科学》期刊登记证

主编丁济新是建筑材料系的老师，是图书馆培养的第一批文献检索课的老师，他在担任《国外建筑科学》主编的同时，还担任重庆建筑工程学院主办的另一刊物《地下空间》（1981—2004）的编辑。《地下空间》的发刊词中介绍，“是美国地下空间协会机关刊物《地下空间》的中译本，并准备逐步过渡到能出版我们的刊物，发表我们自己的有关研究论文及

科研成果。”《国外建筑科学》的登记表的办刊宗旨一栏填写着“旨在反映国外建筑科学的最新研究成果，国际学术动态和适用高新建筑技术。按国家科委和建设部的重点科研项目选题”。可以说与初期的《地下空间》思路相似，只不过学科内容更广泛。

《国外建筑科学》创刊于 1986 年，1994 年公开出版，1998 年最后一次注册，以季刊形式出版，前后仅有 13 年。图书馆有好几位老师曾在《国外建筑科学》上发表译文，具体有陆岷鸣、徐楚明、雷心田等前辈。

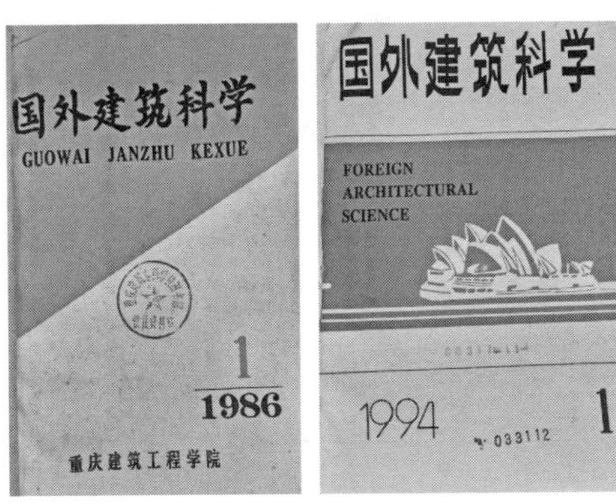

《国外建筑科学》期刊封面

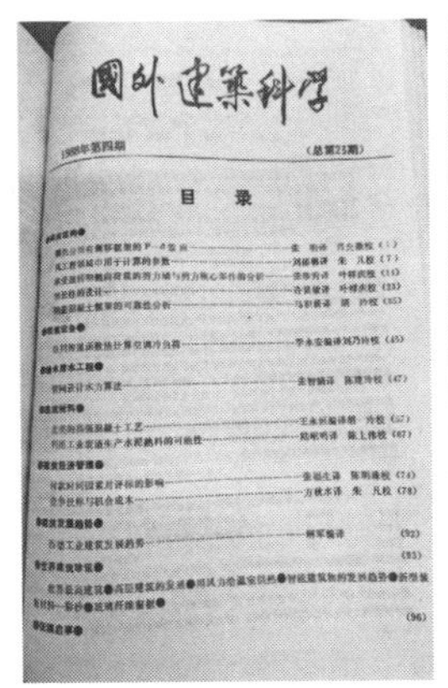
国外建筑科学

目 录

《国外建筑科学》的文章目录

问及 1998 年后未继续注册的原因，根据对时任建筑大学图书馆馆长李光炬老师的访谈，他提到 1998 年后，重庆建筑大学、重庆大学、建筑专科学校的合并正在进行中，由于正式出版刊号稀缺，所以建设部就把刊号收回去了，主编丁济新老师跑了很多趟也未能保住刊号。图书馆曾经能有这样一份公开出版发行的期刊很不容易。

国家图书馆收藏了《国外建筑科学》除 1993 年以外的所有期次。

听到这段历史，我不禁想：我们的前辈真让我骄傲。他们曾经在我们这个馆舍里工作，一排排书架、一张张目录卡片都记录下了他们辛苦的汗水，读者服务、文献服务的工作他们也一样不落，除此之外，他们还翻译出版了建筑学术前沿文献这样学术性强的内容。他们能有这么高的外语水平和学科能力，真是太了不起了。

（孙锐根据采访整理供稿）

“全国建筑院校情报网”小记

最近，访谈了好几位B区图书馆的前辈，发现“全国建筑院校情报网”（以下简称“情报网”）的相关工作是B区图书馆人的集体记忆。袁继利老馆长说，因为情报网的工作开展出色，他有幸参加了1987年全国高等学校图书馆工作会议，并作为会议代表受到李鹏总理的接见。李光炬老馆长回忆到2001年情报网成立二十周年年会的盛况时还激动不已，王光远、李圭白、沈世钊三位院士为情报网题词，建设部科技信息研究所所长于晓明发来贺词，时任校长祝家麟也亲笔题词祝贺。朱凡主任回忆起当年编辑出版网刊的细节依旧历历在目，激动不已。

1987年全国高等学校图书馆工作会议参会代表合影
（第三排左起第19位为袁继利副馆长）（图片由袁继利提供）

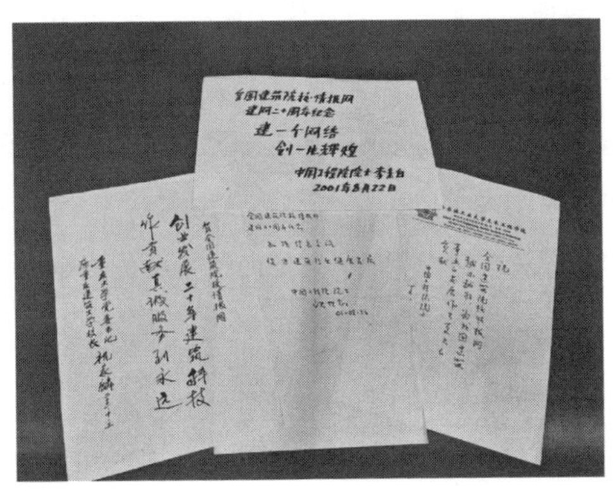

情报网二十周年中国工程院三位院士与祝家麟校长的题词（图片由李光炬提供）

情报网的工作无疑是B区图书馆最近四十年的重要工作之一。因此，笔者根据访谈内容，结合馆藏的网刊——《网讯》和《建筑院校情报》刊载的内容，整理成以下文字。

情报网的产生和发展

情报网是由全国建筑院校及设置此类专业的大专院校组成的学术性协作组织，1981年11月，在重庆建工学院、北京建工学院和哈尔滨建工学院三个单位的共同发起下，筹备建立建工系统大专院校情报网，报经当时建工部科技局和教育局审批备案，归口建工部情报研究所管理。成立大会在重庆建工学院召开，时有10个成员单位。1986年第五届年会更名为现在所用的“全国建筑院校情报网”，成为当时部属全国性22个情报网之一。1991年第十届年会在北京建工学院召开，成员单位扩展为62家。

情报网从成立至今已有40年，为建筑院校图书馆情报服务、学科服务、馆际交流作出了许多贡献，特别是在开展学术交流、编辑刊物出版方面做得有声有色，促进了建筑院校图书馆情报服务能力的提升。

情报网设网长和副网长，重庆大学图书馆在2006年以前一直担任网长（主任馆），2006年主动辞让，经改选由同济大学图书馆担任。

2019年9月18日，情报网第三十一届年会在吉林建筑大学举行，来自同济大学、天津大学、重庆大学、东南大学等全国14所知名建筑院校图书馆的领导和代表共计24人参加了大会。我馆唐孝云副馆长作了“重庆大学图书馆资源建设的探索与实践”报告，分享了重庆大学图书馆文献资源建设经验。

唐孝云副馆长在全国建筑院校情报网第三十一届年会作报告

网章变迁

网章是情报网的管理纲领、发展目标、任务和存在价值的体现。四十年间，情报网与时俱进，多次修改网章，每次网章修改后均须通过年会表决通过。通过查找馆藏《网讯》《建筑院校情报》刊载的信息，

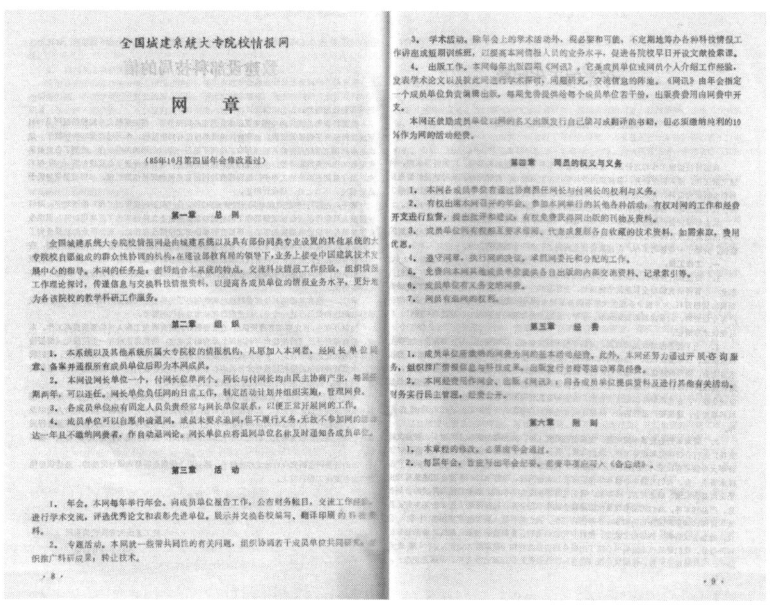

全国城建系统大专院校情报网

网　章

（85年10月第四届年会修改通过）

第一章　总　则

全国城建系统大专院校情报网是由城建系统以及具有部份同类专业设置的其他系统的大专院校自愿组成的群众性协调的机构，在建设部教育局的领导下，业务上接受中国建筑技术发展中心的指导。本网的任务是：密切结合本系统的特点，交流科技情报工作经验，组织情报工作理论探讨，传递信息与交换科技情报资料，以提高各成员单位的情报业务水平，更好地为各该院校的教学科研工作服务。

第二章　组　织

1. 本系统以及其他系统所属大专院校的情报机构，凡愿加入本网者，经网长单位同意、备案并通报所有成员单位后即为本网成员。

2. 本网设网长单位一个，付网长位单两个。网长与付网长均由民主协商产生，每届任期两年，可以连任。网长单位负任网的日常工作，制定活动计划并组织实施，管理网费。

3. 各成员单位应有固定人员负责经常与网长单位联系，以便正常开展网的工作。

4. 成员单位可以自愿申请退网，或虽未要求退网，但不履行义务，无故不参加网的活动达一年且不缴纳网费者，作自动退网论。网长单位应将退网单位名称及时通知各成员单位。

第三章　活　动

1. 年会。本网每年举行年会。向成员单位报告工作，公布财务帐目，交流工作经验，进行学术交流，评选优秀论文和表彰先进单位。展示并交换各校编写、翻译印刷的科技资料。

2. 专题活动。本网就一些带共同性的有关问题，组织协调若干成员单位共同研究，组织推广科研成果，转让技术。

·8·

3. 学术活动。除年会上的学术活动外，视必要和可能，不定期地筹办各种科技情报工作讲座或短期训练班，以提高本网情报人员的业务水平，促进各院校早日开设文献检索课。

4. 出版工作。本网每年出版四期《网讯》，它是成员单位或网员个人介绍工作经验，发表学术论文以及彼此间进行学术探讨，问题研究，交流信息的阵地。《网讯》由年会指定一个成员单位负责编辑出版，每期免费提供给每个成员单位若干份，出版费费用由网费中开支。

本网还鼓励成员单位以网的名义出版发行自己编写或翻译的书籍，但必须缴纳纯利的10%作为网的活动经费。

第四章　网员的权义与义务

1. 本网各成员单位有[illegible]担任网长与付网长的权利与义务。

2. 有权出席本网召开的年会，参加本网举行的其他各种活动；有权对网的工作和经费开支进行监督，提出批评和建议；有权免费获得网出版的刊物及资料。

3. 成员单位间有权相互要求借阅、代查或复制各自收藏的技术资料，如需索取，费用优惠。

4. 遵守网章，执行网的决议，承担网委托和分配的工作。

5. 免费向本网其他成员单位提供各自出版的内部交流资料、记录索引等。

6. 成员单位有义务交纳网费。

7. 网员有退网的权利。

第五章　经　费

1. 成员单位所缴纳的网费为网的基本活动经费。此外，本网还努力通过开展咨询服务，组织推广情报信息与科技成果，出版发行书籍等活动筹集经费。

2. 本网经费用作网会、出版《网讯》，向各成员单位提供资料及进行其他有关活动。财务实行民主管理，经费公开。

第六章　附　则

1. 本章程的修改，必须经年会通过。

2. 每届年会，应整写出年会纪要，经费年报应写入《备忘录》。

·9·

情报网网章（1985）

收集到 1985 年、1987 年、1991 年的网章，通过情报网 2017 年年会，收集到 2017 年的网章。四份网章从 1985 年到 2017 年，时间跨度 32 年，虽然总体框架一致，分为总则、组织、活动、成员单位权利与义务、经费、附则六大部分，但具体内容有所变化的。

1985 年第四届年会修改通过的网章并非最早的网章，但经多方查找没有收集到更早的。通过对四份网章各章内容的分析，可以看出历时三十多年，网章框架不变，但各章内容还是有一些变化，具体如下。

①网名变更。第五届年会通过了网名变更，并在 1987 年的网章中得到体现，由“全国城建系统大专院校情报网”更名为“全国建筑院校情报网”。

②领导机构有变化。1985 年是建设部教育司，1987 年是建设部科技局，1991 年以后变更为建设部科技开发司。

③情报网的主要任务有变化。从“交流科技情报经验，组织情报工作理论探讨，传递信息与交换科技情报资料，以提高各成员单位的情报业务水平，更好地为该院校的教学科研工作服务”到“实现资源优势互补与共建共享……为地方行业建设服务”。

④年会的举办时间有变化。大部分时间是每年举行，但在 1991 年后有一段时间是 1—2 年举行一次。虽然情报网成立已有四十年，但 2019 年的年会是第三十一届。

⑤副网长的设置有变化。从 1985 年的 2 个增加到 4 个，再到 2017 年的若干个。

⑥活动的内容有变化。总体表现为活动精简和收缩，2017 年的网章中，专题活动和出版刊物的内容已经去掉，情报网的活动精简为年会、人才培训、横向联系三个方面。

⑦退网的门槛在提高。1985—1987 年的网章中规定，成员单位不参

加活动或不缴纳网费将自动退网，1991 年网章在以上条件的基础上再加上“经联系无回应者”自动退网，2017 年网章将不履行义务的年限增加到 2 年，并要求“以书面形式报网长单位备案”。

从以上变化可以看出：情报网作为建筑类大专院校的学术性协作组织，最主要的职能是服务、协调、沟通、研究、统计、监督、代表等。情报网曾把出版刊物、学术论文交流等作为主要的活动内容，它们也充分凸显了情报网的学术性与研究功能。但后来越来越多的图书馆研究或协作组织出现，情报网的影响力在下降，因此剔除了开展起来比较吃力的研究工作和编辑出版工作，专注于建筑类大专院校间的协调和沟通。随着影响力的下降，情报网的成员资格越来越不被重视，因此情报网提高了退出的门槛，希望能留住现有的成员，副网长设置数的增加也是基于这样的原因。

我馆目前是副网长单位，但所做的工作也仅仅是参加年会，准备一份交流报告。在笔者刚负责建筑馆工作时，认为应积极主动参与情报网的工作，提升图书馆的影响力，因为情报网是全国性的一个机构，是建筑院校大联盟。图书馆的发展日新月异，如今图书馆间的联系可以通过多渠道多机构来进行，比如各级图工委，CALIS、DRAA 等，这些机构很有影响力。因此，情报网的影响力不如以前是必然的。

编辑、编译出版刊物、图书

1987 年的网章和 1991 年的网章都将出版各类刊物和书籍作为主要活动，鼓励各成员单位以情报网的名义编辑、编译出版。各成员单位积极努力，出版了大量的刊物和图书。

（1）公开出版刊物和图书

刊物有《国外建筑科学》，图书有《建筑情报源》《建筑导师名录》

《土建文献检索与利用》《全国大学生研究生建筑画作品选》等。

《建筑情报源》是英国布拉德菲尔德等人所著，系统而具体地展示了整个建筑工程领域（从设计、结构、施工、管理、维护到经营等）所涉及的情报资料源。从情报服务和搜集的角度出发，指出获得建筑情报的有效途径以及分析利用这些情报的方法。这本书是由情报网组织 8 所成员单位联合翻译的，并以情报网的名义于 1988 年在科学技术文献出版社重庆分社出版。

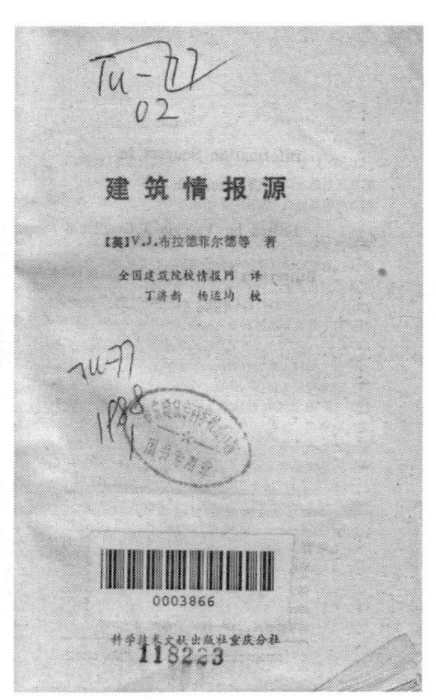

《建筑情报源》封面及书名页

（2）内部刊物和图书

情报网出版了不少内部刊物，有《建院译文》《建筑科技信息》《建筑色彩学》《地下空间规划技术指南》（1984）《掩土住宅设计手册》（1984）《稻壳灰混凝土》（1984）。《建筑色彩设计》由北京建院和河北建院联合编译；《掩土住宅设计手册》《稻壳灰混凝土》《地下空间规划技术指南》由重庆建工学院编译。

编译的刊物为教学引进了先进的前沿文献资料，刊物出版后 10% 的稿酬作为情报网的活动经费，为情报网的人才培训交流活动提供了经费保障。同时，各成员单位自编刊物的互赠也促进了情报服务工作的交流，提升了建筑院校图书馆情报服务的整体水平。

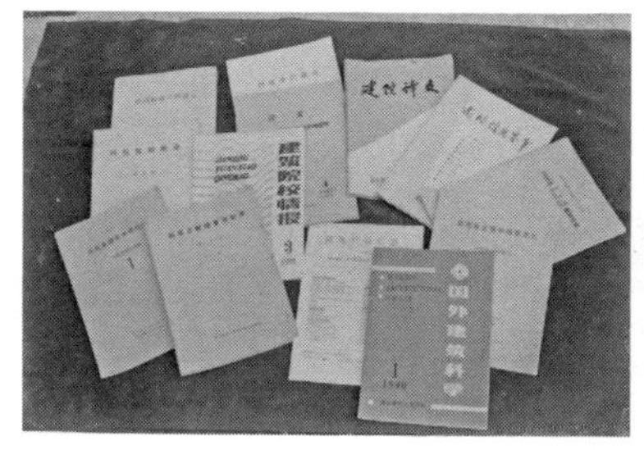

部分出版刊物封面照（图片由朱凡提供）

（3）网刊

网刊是情报网工作交流的平台，内容有网站的工作、图书馆的工作、建筑动态、学术探讨、文献检索课交流等，1981—1986 年网刊名称为《网讯》，1987 年以后为《建筑院校情报》（1987—2004）。

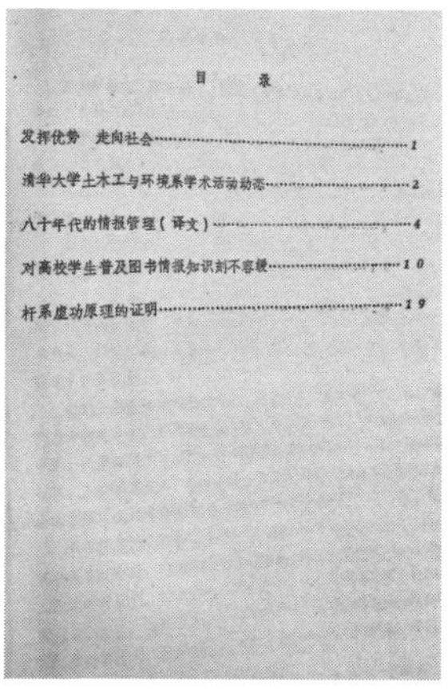

目　录

《网讯》封面及目录

编辑、编译出版的刊物和图书凝聚了全网成员单位的心血，编辑出版过程中遇到很多困难，但都被一一克服，发挥了情报网文献资源丰富和人才密集的优势，体现了情报网协作、求实的风格。

第十届年会（1991）评选了先进单位、离退休荣誉者、情报研究成果、活动积极分子、优秀刊物、优秀论文、展览奖等奖项，一一给予表彰。

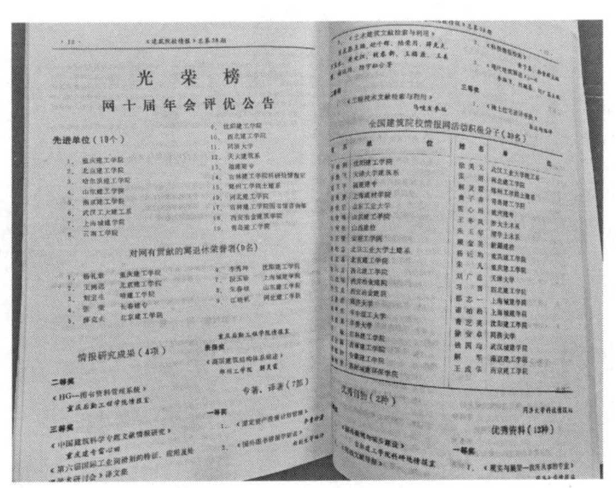
光 荣 榜

网十届年会评优公告

先进单位（19个）

对网有贡献的离退休荣誉者(9名)

情报研究成果（4项）

二等奖

三等奖

专著、译著（7部）

一等奖

全国建筑院校情报网活动积极分子（30名）

优秀刊物（2种）

优秀资料（13种）

第十届年会评优公告

师资培训

人才培养是情报网开展的主要活动之一，通过举办培训班或者讲座的方式培养人才，主要面向成员馆，也有成员馆外的单位参加。1982年10月，在北京举办了“情报资料人员培训班”分类法培训，1986年6月在重庆举办了“文献检索与利用”课师资培训班，为全国13个单位培养师资50名。

由于资料有限，以上对情报网工作的梳理挂一漏万，特别是2006年以后，我馆未担任网长，由同济大学图书馆负责情报网的工作，因此更多工作的情况无法收集，需今后有机会再进行完善。

（孙锐根据采访整理供稿）

“文献检索与利用”课师资培训班合影（1986 年 5—6 月）
（前排右六为袁继利，二排左二为朱凡，后排左一为黄文江）（图片由朱凡提供）

参考文献：

杨运均.在全国建筑院校情报网第十届年会上十年工作总结汇报［J］.建筑院校情报，1991，38（4）：3-9.

附表：四份网章内容比较

版本 / 比较内容	1985 年	1987 年	1991 年	2017 年
第一章：总则	1. 情报网名称：全国城建系统大专院校情报网。 2. 机构的定义：群众性协调的机构。 3. 领导机构：建设部教育局，业务上接受中国建筑技术发展中心的指导。 4. 任务：交流科技情报经验，组织情报工作理论探讨，专递信息与交换科技情报资料，以提高各成员单位的情报业务水平，更好地为各该院校的教学科研工作服务。	1. 情报网名称：全国建筑院校情报网。 2. 机构的定义：学术性协作组织。 3. 领导机构：建设部科技局，业务上接受建设部城乡建设情报研究所的指导。 4. 任务：加强情报工作的理论探讨，交流信息与情报工作经验，组织协作和人员培训，不断提高各成员单位的情报业务水平，更好地为教学、科研工作服务。	1. 情报网名称：全国建筑院校情报网。 2. 机构的定义：学术性协作组织。 3. 领导机构：建设部科技开发司，业务上接受建设部科技情报研究所的指导。 4. 任务：面向社会主义建设，加强情报工作的理论探讨，交流信息与情报工作经验，组织协作和人员培训，不断提高各成员单位的情报业务水平，更好地为教学、科研、科技开发和领导决策服务。	1. 情报网名称：全国建筑院校情报网。 2. 机构的定义：学术性协作组织。 3. 领导机构：建设部科技开发司领导，业务上接受建设部科技情报研究所的指导。 4. 任务：加强特色文献信息资源建设，充分利用互联网技术，实现信息资源的优势互补与共建共享；加强信息服务的理论探讨与工作交流，组织协作和人员培训，不断提高各成员单位的信息服务水平，更好地为教学、科研和领导决策服务，为地方行业建设服务。

第二章：组织	1. 加入本网的要求。 2. 网长1个，副网长2个。每届2年，可连任。 3. 各单位应有固定人员与网长联系。 4. 退网自愿，不参加活动不缴纳网费达一年作自动退网。退网名单及时通告全网。	1. 加入本网的要求。 2. 网长1个，副网长4个，任期两年，可连选连任。网长单位负责人为本网秘书长。 3. 各单位负责人负责经常与网长单位保持联系。 4. 不参加活动不缴纳网费一年以上作自动退网。退网名单及时通告全网。	1. 加入本网的要求。 2. 网长1个，副网长4个，任期4年，可连选连任。网长单位的科研主管院长任网长，其情报单位负责人为本网秘书长。 3. 各单位负责人负责经常与网长单位保持联系。 4. 不参加活动不缴纳网费一年以上，经联系无回应者作自动退网。退网名单及时通告全网。	1. 加入本网的要求。 2. 网长1个，副网长若干，任期4年，可连选连任。网长单位主管情报工作的负责人任本网秘书长。副网长单位主管情报工作的负责人任副秘书长，密切配合网长单位开展工作。 3. 各成员单位须指派一名具有一定组织能力和业务水平、工作认真负责的人员代表本单位担任联络员，负责日常的联络工作。本网各成员单位的负责人或联络员与网长单位保持联系，以便正常开展情报网的工作。 4. 退网单位应以书面形式报网长单位备案；成员单位若不履行义务，二年无特殊原因不缴纳网费或不参加本网活动，作自动退网。网长单位及时将退网单位通报全网。

续表

比较内容＼版本	1985 年	1987 年	1991 年	2017 年
第三章：活动	1. 年会，每年举行。 2. 专题活动。就一些共同性的有关问题，组织协调若干成员单位共同研究；组织推广科研成果，转让技术。 3. 学术活动。除年会外，不定期地筹办各种科技情报工作讲座或短期训练班，促进各院校早日开设文献检索课。 4. 出版工作。每年出版四期《网讯》免费提供给成员单位若干份，出版费由网费中开支。 5. 鼓励成员单位以网的名义出版发行自己编写或翻译的书籍，但必须缴纳纯利的 10% 作为网的活动经费。	1. 年会，每年举行。 2. 专题活动。就一些共同性的有关问题，组织协调若干成员单位共同研究；组织推广科研成果，转让技术。组织编写、编译、翻译论文及书稿并联系出版。所得稿酬提取 10% 作为网的活动经费。 3. 出版刊物。每年出版四期《建筑院校情报》免费提供给成员单位若干份，将每次在年会上宣读的优秀文章出版《会议文集》，出版费由网费中开支。 4. 培养干部。不定期举办讲习班、研讨班、培训班等，以提高本网情报资料人员的业务水平。 5. 发展横向联系。注意发展与兄弟网之间的联系与合作，促进高校情报事业的发展。	1. 年会，1—2 年举行。 2. 专题活动。就一些共同性的有关问题，组织协调若干成员单位共同研究；组织推广科研成果，转让技术。组织编写、编译、翻译论文及书稿并联系出版。所得稿酬提取 10% 作为网的活动经费。 3. 出版刊物。每年出版四期《建筑院校情报》免费提供给成员单位若干份，将每次在年会上宣读的优秀文章出版《会议文集》，出版费由网费中开支。 4. 人才培训。不定期举办讲习班、研讨班、培训班等，以提高本网情报资料人员的业务水平。 5. 发展横向联系。注意发展与兄弟网之间的联系与合作，促进高校情报事业的发展。	1. 年会。本网每 1 年举行。 2. 人才培训。根据各成员单位的需要与可能，不定期举办讲习班、研讨班、培训班等，以提高本网成员单位情报信息服务人员的业务水平。 3. 发展横向联系。注意发展与兄弟网之间的联系和合作，促进建筑院校情报事业的发展。

第四章：成员单位的权利与义务	1. 成员有通过协商担任网长与副网长的权利和义务。 2. 有权出席年会，参加网举行的各种活动，有权对网的工作和经费开支进行监督，提出批评和建议，有权免费获得网出版的刊物及资料。 3. 成员单位间有权相互要求借阅、代查或复制各自收藏的技术资料，如需索取，费用优惠。 4. 遵守网章，执行网的决议，承担网委托和分配的工作。 5. 免费向本网其他成员单位提供各自出版的内部交流资料、记录索引等。 6. 有义务缴纳网费。 7. 网员有退网的权利。	1. 有选举权和被选举权，有退网权。 2. 参加网举行的活动，对本网的工作和经费开支进行监督，提出批评和建议权。 3. 有相互要求借阅、代查或复制各自收藏的技术资料权，彼此索取资料，费用从优。 4. 有义务遵守网章，执行网的决议，承担网委托的工作。 5. 有义务向本网其他成员单位赠送提供各自编印的技术资料。 6. 有义务缴纳网费。	1. 有选举权和被选举权，有退网权。 2. 参加网举行的活动，对本网的工作和经费开支进行监督，提出批评和建议权。 3. 有相互要求借阅、代查或复制各自收藏的技术资料权，彼此索取资料，费用从优。 4. 有义务遵守网章，执行网的决议，承担网委托的工作。 5. 有义务向本网其他成员单位赠送提供各自编印的技术资料。 6. 有义务缴纳网费。	1. 有选举权和被选举权。 2. 有退网权，也有权推荐新单位入网。 3. 有参加本网活动、对本网工作和经费开支进行监督和提出批评、建议权。 4. 在知识产权允许的范围内，有相互要求借阅、代查及复制各自收藏的技术资料权。彼此索取资料，费用从优。 5. 有义务缴纳网费。 6. 有义务遵守网章，执行本网的决议，承担网委托的工作。

续表

比较内容 \ 版本	1985 年	1987 年	1991 年	2017 年
第五章：经费	1. 网费为基本活动经费，此外，本网还努力通过开展咨询服务，组织推广情报信息与科技成果，出版发行书籍等活动筹集经费。 2. 经费用做网会、出版《网讯》，向各成员单位提供资料及进行其他有关活动，财务实行民主管理，经费公开。	1. 网费为基本活动经费，此外，本网还努力通过开展咨询服务，组织推广情报信息与科技成果，编写、编译出版文章、书籍等筹集经费。经费用做出版刊物和举行各种活动。 2. 经费开支实行经济，秘书长每年年会向全体成员单位公布一次账目。	1. 网费为基本活动经费，此外，本网还努力通过开展咨询服务，组织推广情报信息与科技成果，编写、编译出版文章、书籍等筹集经费。经费用作出版刊物和举行各种活动。 2. 经费开支实行经济，每届年会上秘书长向全体成员单位公布一次账目。	1. 本网经费主要依靠各成员单位缴纳网费。 2. 网费标准：各成员单位300元/年，用于业务交流活动及馆员培训。交纳网费时间为每年12月底之前。 3. 经费开支实行经济民主，每届年会上秘书长向全体成员单位公布一次账目。
第六章：附则	1. 本章程的修改，必须由年会通过。 2. 每届年会，皆应写出会议纪要。重要事项应写入《备忘录》。	1. 本网章程必须经过年会通过，修改权属于年会。 2. 年会要写出“会议纪要”和“备忘录”。	1. 本网章程必须经过年会通过，修改权属于年会。 2. 年会要写出“会议纪要”和“备忘录”。	1. 本章程由全国建筑情报网全网大会通过生效。 2. 本章程每四年随网长、副网长单位改选时予以修订。

图腾图书馆集成管理系统的发展历程

图书馆自动化集成管理系统作为图书馆开展业务工作和读者服务的基础，在很大程度上代表和体现了图书馆的自动化水平，为图书馆的信息化和数字化发展起到了引导和定位的作用，并直接影响着图书馆读者服务工作和业务工作的质量、效率。1992 年，重庆大学图书馆开始采用自主开发的自动化管理系统——图腾图书馆管理集成系统。

重庆大学图书馆自主研发的图腾图书馆集成管理系统，经历了三个发展阶段。

阶段一：软件研发和基础数据库建设

1992 年 4 月推出基于 FoxBase 的图腾系统 V1.0。实现管理图书馆的基本业务，包括编目、读者管理、流通管理、检索等基本功能。图腾系统是重庆大学图书馆基于传统业务，如采访、编目、典藏、流通阅览、连续出版物管理等，研究开发的首代自动化管理系统。完全以图书馆自身为主导研发，切实考虑图书馆业务的实际工作流程，利用计算机技术替代依靠人力完成的繁琐工作，大大提高了图书从采编到流通各环节的效率。

通过艰苦和繁琐的回溯建库工作，图书馆的馆藏基础数据也得到了清晰完整的保存。由于受技术、人力等因素限制，图书馆在开发的过程中并没有通过整体设计一次性打造实现多功能的完整系统，而是选择对传统业务逐一设计相应子系统，再将各个子系统相互联系，以此互为补充，最终整合成有机的相互联系的图书馆管理系统，这也成为当时图腾系统的最大特色之一。图腾系统利用《中国机读目录通讯格式》（CN-MARC 格式）在采访、编目、流通、检索等业务环节对书目数据进行规范统一，并在遵守国家标准的同时，做出一定突破。

阶段二：局域网下图书馆基本业务自动化管理

1995 年 10 月推出基于 FoxPro 的图腾系统 V95 版。1996 年 1 月通过四川省教委组织的技术鉴定。与会专家一致认为该系统在技术上处于国内先进水平，在通用灵活、万向统计、实时安全数据备份等对应用至关重要的技术方面处于国内领先地位。1996 年 12 月该系统被国家教委推荐，成为全国师专世行贷款项目产品。1997 年 12 月该系统获直辖后的重庆市科委科技成果三等奖。

图腾系统不但将图书馆传统业务进行自动化管理，还基于馆藏元数据开发了检索系统，由此将图书馆管理系统从仅面向图书馆工作人员提高到全新层面，即将系统工作重点开始转向完善读者服务体验。图腾系统研发的检索系统为图书馆与读者建立了全新的交流途径，实现了馆藏资源和信息的快速查阅、到馆新书通报和图书预约等服务。在检索系统中，图腾系统还提供了诸如单项查询、复合查询以及检索途径的多样选择，使读者可以更加便捷、快速地查阅馆藏资源。

阶段三：互联网下图书馆的全面自动化

2001 年 6 月推出了基于大型数据库平台的图书馆自动化管理系统图腾 V7.0。整个系统采用国际流行的 Browser/WebServer/DBServer 三层或 Client/Server 双层体系结构，更加适应互联网环境。后台选用大型关系数据库 Sqlserver 2000 作为系统平台（并全面支持 Sybase 和 Oracle 数据库），运行效率更高，数据更安全，系统更加稳定。

图腾 V7.0 的成功研发，正式开启图腾管理系统网络版的征程。图腾 V7.0 全面考虑了图书馆的发展趋势，重点考虑重庆大学多校区的现

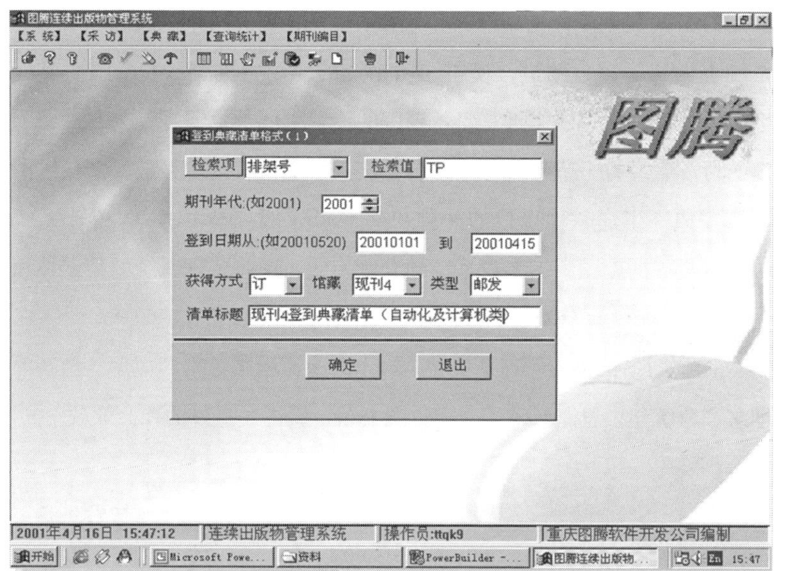

图腾集成管理系统 V7.0 版本

状，突出解决多校区系统与资源的整合、资源共享、馆际互借、远程联合编目的技术难题。增加了与 CNKI、书生之家等电子数据库的连接接口，前端采用了技术更为先进的开发平台，后台采用大型数据库软件 SQLserver 2000，使系统更加科学先进，数据更为安全稳定。2002 年重庆大学图书馆将三个校区的数据通过图腾管理系统进行整合，采用馆际互借的流通方式实现跨校区分馆间的自动化管理。图腾 V7.0 系统采用 TCP/IP 底层协议、ISO 10160/10161 数据传输协议和 Z39.50 信息检索与获取协议，真正实现联合编目、馆际互借、远程查询预约，使图书馆跨越壁垒，利用互联网无限延伸，实现图书馆资源共享。读者利用互联网更是可以突破地域和时间的限制，自由联通图书馆，图腾系统的互联网络版为下一代数字图书馆的建设打下了坚实基础。

2005 年 7 月正式发布的《图腾图书馆集成管理系统》（V8.0）则

采用 Oracle 数据库，支持 Windows/Unix/Linux 平台，并在典藏、采编等系统上做出了重大改进，使得图腾系统的应用得到进一步完善。其间重庆大学图书馆完成了近三年各校区的读者借阅数据清理，为之后图书馆的科学管理打下坚实基础。结合重庆大学虎溪校区的开放，新校区图书馆完成一卡通软件接口的开放和基于 SUN 服务器的 UNIX 操作系统 ORACLE 数据库图书馆集成系统的升级换代，图腾管理系统的稳定性和运行速度得到大幅提升。

图腾图书馆集成管理系统在全国 120 余家图书馆得到应用，创新的理念和系统建设思路影响了一大批图书馆，获得了良好的社会效益。

（田琳供稿）

“一丘一壑”搬迁记

饶家院始建于清咸丰年间（1860），为光绪二十八年举人饶冕南之故居，“一丘一壑”石匾为饶家院大门匾额，一对石鼓位于院门两侧。1929年重庆大学勘定此处为永久校址，1933年举校自菜园坝杨家花园迁入，因建设校园所需，大量拆除原建筑并做整体规划，但保留位于校区中央的饶家院并延续至本世纪初，作为学校生活及休闲之用。一代代重大人在饶家院留下大学记忆，诺贝尔奖获得者丁肇中先生儿时就随身为重庆大学教授的父亲在此度过。

2002年因校园建设所需拆除饶家院，原址修建主教学楼，仅余石匾及一对石鼓置于民主湖畔花园中。自此该石匾及一对石鼓在花园中度过了长达13年的时光。2015年图书馆逸夫楼装修完毕，孟卫东副校长认为位于逸夫楼一楼的重大文库门厅处是整座楼的核心位置，需要安放与我校相关的重要文物才能凸显其重要性，这样既可以展示文物的珍贵，更能够对文物进行极大的保护。于是，决定将饶家院留下的石匾和石鼓迁至逸夫楼。

2002年10月，石匾及石鼓迁入修葺一新的图书馆逸夫楼，予以重点保护。

石匾和石鼓的搬迁工作面临非常大的困难，由于长久的风吹日晒，石匾与石鼓边缘已经受到损坏，且自身重量非常大，石匾与一对石鼓总重量超过两吨，若用绳子强行搬运，必将对石匾和石鼓造成严重伤害。为此，图书馆与搬运公司进行了多次商榷，设计出一套对石匾和石鼓损害最小的搬迁方案。

10月27日清晨，在精心设计搬迁方案之后，“一丘一壑”搬迁工作正式开始。20余名搬运工人首先对石匾四周的植物进行整理，随后用毛毡、布匹、泡沫板等对石匾进行加固。待绑定后，搬运工人一起发力起步，将石匾从花园中移出，放入路旁的叉车。叉车将其运送至逸夫楼外广场，工人集体再将石匾、石鼓抬入逸夫楼。

2015年10月27日，“一丘一壑”石匾及一对石鼓从主教旁花园中迁入逸夫楼“重庆大学文库”正厅外。原计划将一对石鼓放在石匾两侧，由于楼层承重等问题，后将一对石鼓分置于逸夫楼大厅正门处两侧，此后再无变动

经历一天的搬迁工作之后，“一丘一壑”石匾迁入图书馆逸夫楼重大文库正厅，一对石鼓分列图书馆大门两侧。作为老重大的见证，石匾与石鼓承载了太多的历史与故事。此后图书馆将对其进行重点保护，修建展示台、设立隔离区等。让学子们在“一丘一壑”前品味老重大的故事，时时感受重庆大学浓厚的历史感和文化氛围。

2015年12月31日，重装之后的逸夫楼正式开馆，周绪红校长、杨丹副校长、孟卫东副校长来到装修一新的图书馆逸夫楼。周校长一行在图书馆彭晓东、杨新涯、陈文、谢蓉、汪培术，基建处聂会元，校长办公室饶劲松等人的陪同下，从逸夫楼大厅出发，首先视察位于二楼的阅览室。阅览室中，独立台灯、独立插座、信号满格的移动网络、多处配置的查询台、快速的报刊阅览器、便捷的茶水间、休息沙发等设施全方位满足读者多种需求。自 11 月试开放以来，A 区图书馆读者进馆人次大幅提高，日均进馆超过一万人次。阅览室中座无虚席，周校长对图书馆整体打造的优良空间及服务体系表示高度赞扬。

参观完阅览室后，周校长一行进入逸夫楼展厅，观看逸夫楼展厅第一期展览。第一期展览以重庆大学 1929—1949 年期间的学科发展与知名教授为主题，展示了重庆大学“成立、发展、壮大、辉煌”的全过程和工、商、文、理、法、医六所学院详细的系科发展与知名教授的介绍。周校长对展出内容表示赞扬，鼓励图书馆要坚持将“学术史展览”继续办下去，通过学术成果的展示传播正确的价值观；更希望图书馆能够继续深挖学术与科研成果，拓宽重大学术成果体系的范畴，进一步丰富“学术校史馆”的内涵体系。

周绪红校长、杨丹副校长、孟卫东副校长及基建处、图书馆相关领导为“一丘一壑”揭幕，宣布逸夫楼在重装之后正式开馆

位于一楼正厅的“重大文库”是本次图书馆逸夫楼装修重点打造的空间之一，其搜集、典藏、展览重大学术成果的日常工作，旨在将文库打造成为“重庆大学学术校史馆”。周绪红校长和杨新涯馆长为“一丘一壑”石匾揭幕，并宣布“重大文库”正式开放。

如今“一丘一壑”石匾在“重庆大学文库”外厅永久陈列

（王彦力整理供稿，图片由办公室提供）

WOMEN

DE

GUSHI

我们的故事

守望读书人的心灵家园
——小记重庆大学“文艺复古”风格图书馆

建筑的生命是用故事累积起来的，这句话用来形容重庆大学图书馆再贴切不过。八十五载岁月，每一本书都是故事的见证者，每一个阅览座位都是故事的承载体。它们不会说话，它们是时间使者。

它们从历史中走来，难免风尘仆仆；它们执着于图书馆的使命，有些许力不从心。20 世纪 70 年代修建的东楼在日益科技化的现代，那份坚守渐渐地显得有些落寞。2014 年的初冬，东楼换上新装，一扫“壮士暮年”的疲惫，以典雅大气的文艺复古范儿惊艳了我们。

文艺复古风格：人文与历史的完美融合

重庆大学图书馆创办于 1930 年，诞生于最初的校址菜园坝杨家花园，1933 年重庆大学迁入沙坪坝校址，图书馆随之迁入沙坪坝校区的图书馆，建筑典雅古朴，雕梁画栋、飞檐流阁都表明这是典型的中国古典建筑。1949 年新修建的图书馆启用，风格依旧以古典为主。

20 世纪 70 年代，A 区图书馆东楼落成并正式使用，迄今已四十余年，在这期间也未曾进行大修，所以难免破旧。2013 年底，学校将图书馆整修纳入 2014 年计划中。装修风格的选择至关重要，中式、欧式、美式都曾纳入考虑范围，在选择的过程中，馆里有一个不约而同的共识，那就是要承袭历史，因为再出彩的文字也比不上真实的场景，传承历史靠文字远不如场景复原来得便捷，于是“古朴典雅的复古范儿”成为装修要求。为了将有限的经费更合理地利用，图书馆决定只装修内部，外墙不动。红木色木质墙饰、门窗书架、铜质台灯、黄色系光源……打造出文艺复古的风格。

装修前的报刊阅览室

装修后的报刊阅览室

复古风格主要体现在装修上，人文气息在于精心的布置和设计，文艺范儿则是需要细细感受。图书馆坚信，环境可以影响、教育人。目前东楼处于试开放阶段，大部分装饰与细节打造正逐步进行，一些重大教授们的字画，不同时期的图片和灯具，重大教授系列画框、展板将逐渐在东楼各处展出。一楼的五个独立小书房将被分别以学校有代表性的地名、建筑名来命名。民国及以前的书籍将全部馆藏于东楼四楼特藏室。特别值得一提的是，饶家院原物“一丘一壑”石匾和两个石鼓将安放在图书馆，这是学校历史最直接的展示，也是重大精神的一大体现。穿梭在校园中的同学们除了能在老房子上看出学校的历史感，在图书馆中还能进一步感受到深厚的历史底蕴，知校从而爱校，进而以母校为荣。

在绿萝藤蔓之下，把一盏小灯，捧一本书籍，持一份心境，无论图书馆外是阳光普照还是阴雨连绵，图书馆的文艺范儿都十足浓郁。尤其以夜晚为最，星星点点的灯光从窗户中散出，光影斑驳中人影绰绰，举手投足间私语喃喃。站在图书馆大门处，门里和门外是两个完全不同的世界，恍若隔世。

空间服务：尽心，贴心，暖心

知识是人类追求完美、追求进步、武装自己最好的方式，毫无疑问图书馆是知识最集中的地方，因此图书馆对于每一所大学而言，其地位都举足轻重。重庆大学近十几年来对图书馆的投入非常尽心，一所学校对待知识的态度甚至可以直接决定学生未来的走向，而今国内外大学中，只要这所学校意识到文化底蕴的重要性，在有能力的条件下都会把图书馆的建设和发展放在首位。这是一种尊重知识的态度，以这种态度为前提，自然会尽心尽力给学生提供更好的服务。

空间服务，是本次装修中一个频繁出现的词语。空间服务是指除了传统的阅读之外，为读者提供更多服务类型的场所。A 区图书馆提供了以下空间服务：

——博雅书院，上万本经典的书籍将入住此处。博雅书院引导读者回归最纯粹的阅读，设立圆桌讨论区，半独立的书房，定期举办新书品读会、经典阅读、作者签售等阅读活动，阅读经典之后产生的独立思考将得到充分交流，思想碰撞才能产生更好的感悟。

——视频制作室、小影院体验区，绝对高端、大气。倡导独立电影，定期举行主题影展。

——音乐图书馆，将音乐欣赏的空间大幅拓宽，大量CD和优质降噪耳机保证阅读与音乐欣赏同步进行。

——新技术体验缺一不可，3D打印机、4K电视、谷歌眼镜等，适时还会建设录音棚、摄影棚，读者在录音棚中独立制作单曲，在摄影棚中制作独立电影。

——图书馆的每一层都设立自助小餐厅，提供微波炉、小冰箱、餐桌椅。传统图书馆通常不允许食物出现，以防影响其他读者，食物也容易污染书本，而自助式的小餐厅则可以避免此类情况。

——舒适的沙发无处不在，展览厅也是必备的。

——学人文库，位于图书馆最佳的位置，用于收藏和展示重庆大学学人所撰写的图书，是学人的精神殿堂。

完全装修后的图书馆将是一个集阅览、流通、收藏等基本功能和音乐欣赏、影片赏析、生活服务等扩展功能为一体的文化综合体，是重庆大学的书房和客厅，也是重庆大学的精神家园。

装修前的阅览室

装修后的阅览室

技术：保障东楼的服务与文艺

大数据时代的图书馆越来越倾向于数字化、移动化，重大数字图书馆起步较早，目前资源和服务体系已经较为成熟。未来则希望实现文献服务在网络上（包括移动互联）进行，读者用手机、平板电脑等不同的设备以及在微信、微博等平台上都可以享受图书馆的服务，不拘泥于时间，更不会拘泥于空间，目标是做更智慧的图书馆，根据读者真正的文献需求，进行针对性的服务，让图书馆变得更人性化，更专业化。

但这一切并不意味着图书馆本体的缺失，在数字资料泛滥的时代，纸质书籍更有了独特的意义。因为我们仍然需要一种阅读的感觉，纸质书的悠悠韵味几乎无可替代。为此我们需要打造一个舒适、全面、贴心的阅读环境，吸引学生来图书馆进行最纯粹的阅读。

历史风尘并没有黯淡昔时的馥郁华彩，焕然一新的图书馆依然微笑着迎接来来往往的师生，提供贴心而全面的服务。书香墨痕之中，群儒荟萃的兴旺影像从不式微，这是一个图书馆对大学最好的承诺。

（原文刊于中国知网刊物《知者汇》2014 年第 4 期，
由王彦力、杨新涯组稿，图片由办公室提供）

ERMS的从“零”开始

2016年冬天，图书馆新的一轮岗位聘任开始，资源部的数字资源建设岗位依旧无人问津。每一轮聘岗，资源部的岗位空缺都是比较棘手的事。相比图书馆其他岗位，资源部从事的是最为传统也最为基础的工作。数字资源建设主要包括数字资源的采购和管理，看似简单的工作，却颇为复杂，因此很让馆员头疼。一方面是因为在多媒体技术快速发展、多元化数字资源日渐增多、用户个性化需求愈加增强的趋势下，对数字资源按需采购、精准采购的要求更高；另一方面，多数图书馆包括重庆大学图书馆对数字资源的采购和管理还处于手工管理状态：从资源的试用、引进、合同的签订、付费、管理、信息发布、资源揭示、宣传推广到系统维护，大多都由馆员靠经验、记忆和借助建立一些文档来完成，这些靠手工和记忆的工作显得颇为烦琐，尤其是到盘点时刻，需要提供各种资源采购前后的各种论证材料、合同、发票，就像翻档案一样，需要查询、翻阅很多材料。

我想可能是之前从事过技术部数字资源维护工作，也算跟数字资源一直打着交道，去做数字资源建设至少也不算跨度太大，因此，杨馆长鼓励我去挑战这个工作的时候，我便欣然同意了，更主要的原因是杨馆长的“智慧图书馆”蓝图希望通过开发系统实现电子资源的管理，即开发属于重庆大学的数字资源管理系统（ERMS），让数字资源从采购前到采购后都能得到系统化、数据化、便捷化的管理。

在ERMS系统设计开发方面，国外商业性ERMS系统占据主要市场的同时，部分图书馆自主开发了ERMS系统，如威斯康星大学拉克罗斯分校墨菲图书馆在2008年推出的ERMS系统[1]、哈佛大学图书馆推出的Harvard ERMS（Harvard Electronic Resource Management System）[2-3]和霍普金斯大学图书馆开发的 Hopkins HERMS（Hopkins Electronic Resource Management System）[4-5]。与国外较为成熟的 ERMS 系统开发相比，国内学者对 ERMS 系统的研究主要集中在图书馆数字资源管理工作面临的挑战及未来数字资源管理系统应有的功能趋势上。陈大庆分析了 2007—2008 年、2008—2010 年、2011 年至今 3 个阶段国内外电子资源管理系统研究情况，认为未来的 ERMS 系统以更加整合的方式管理电子资源将是一种新趋势[6]。在对国外 ERMS 系统的引进实践研究方面，张宝珍等分享了香港中文大学图书馆利用 Innovative 公司的电子资源管理系统来管理与日俱增的电子资源的经验[7]。国内图书馆对 ERMS 系统的自主开发甚少，深圳大学图书馆自主研发的开源电子资源管理系统 Open ERMS 是国内首个自主研发的 ERMS 系统[8]。上述国内外图书馆对 ERMS 系统的研究开发，大都侧重于对图书馆购买数字资源的“存”和“管”，而对“存”“管”流程化的研究较少，厦门大学图书馆梳理对比了 ERMS 系统发展各阶段及主要产品后，自主研发的 ERMS 系统从根本上改变了原有的电子资源管理方式，使得电子资源管理进入流程化、规范化、电子化、自动化和系统化的新阶段[9]，但从数字资源管理的源头，即从采购端进行仓储建设的设计体现不足，导致现有的 ERMS 系统的数据分析不够强大，对图书馆采购决策提供数据支持的力度不够。

因此，杨馆长提出：“我们的 ERMS 系统，需要研究制订规范化的采购流程，探索科学有效的数字资源采购程序，需要在采购过程中进行仓储建设，利用仓储信息对图书馆的采购决策提供数据支持，有助于提高图书馆数字资源的采购质量，保障资源建设的科学性、可持续性发展。”

2017 年初，我们便开始了 ERMS 系统的管理元素、流程、模块功能、管理目标等一系列的论证工作。与此同时，我们也对重庆大学从 2000 年购买第一个数字资源到 2017 年共 16 年的原始合同和数据进行收割，

数字资源规范化/标准化建设研讨会
暨 CALIS 第十七届引进数据库培训周上关于 ERMS 的主题发言

对所有购买的数字资源进行了代码编制，用杨馆长的话来说，每个数字资源都是有生命的，也是有生命周期的，对它们进行代码编制，不仅可以预防销售商换个马甲重复销售的问题，还可以揭示图书馆数字资源采购标准的特征，我们以后看到某个编码的数字资源，就会知道它是期刊还是学位论文又或者是电子书，就会知道它是进口还是国产，还会知道它的语种以及它是第几个平台下的第几个子库。

仓储建设是重庆大学 ERMS 系统的特点，因此，在系统开发前期，通过反复论证，确定了仓储建设的内容为四类：储存数字资源属性数据的元数据仓储，储存数字资源产品开发、市场情况的供应信息仓储，储存数字资源购买情况的采购信息仓储和储存数字资源采购金额和付款情况的账簿信息仓储。

根据仓储数据的内容，以提高数字采购资源全流程监督管理效率和仓储数据对采购决策的支持力度为出发点，我们制订出数字资源采购的规范化流程以及各个收割仓储数据节点。

2018 年 1 月，属于我们自己的 ERMS 系统正式上线。

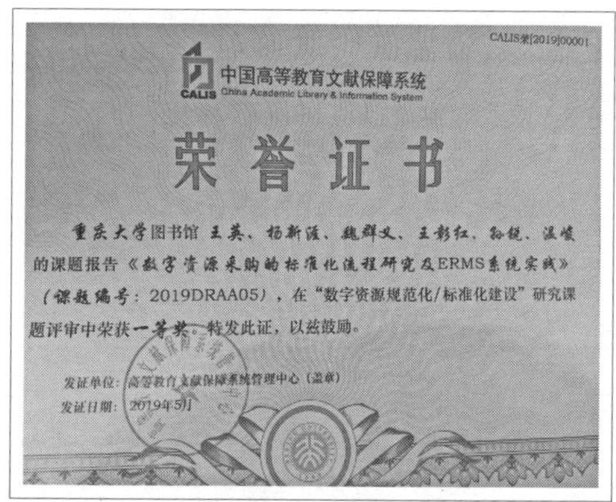

CALIS荣[2019]00001

中国高等教育文献保障系统
CALIS China Academic Library & Information System

荣誉证书

重庆大学图书馆 王英、杨新涯、魏群义、王彰红、孙锐、温嵘的课题报告《数字资源采购的标准化流程研究及ERMS系统实践》（课题编号：2019DRAA05），在“数字资源规范化/标准化建设”研究课题评审中荣获一等奖。特发此证，以兹鼓励。

发证单位：高等教育文献保障系统管理中心（盖章）
发证日期：2019年5月

ERMS 系统获奖证书

重庆大学图书馆自主开发的 ERMS 系统通过对电子资源的全生命周期进行管理和监控，实现了灵活科学的采购流程，有效掌握本馆的经费使用，还可依托大数据技术，分析资源使用效益，对图书馆的采购决策提供数据支持，在流程管理和信息仓储数据的收割上，相比其他 ERMS 系统独具特色。2019 年 4 月，该项目获得 DRAA“数字资源规范化 / 标准化建设”研究课题评审的一等奖。

参考文献：

［1］DOERING W, CHILTON G. A Locally Created Erm: How and Why We Did It［J］. Computers in Libraries, 2008, 28（08）: 46-48.

［2］叶新明 . 美国 ERMS 产品的分析与启示［J］. 中国图书馆学报 , 2007（04）: 54-59.

［3］COLLINS M. Electronic Journal Forum: Electronic Resource Management Systems: Understanding the Players and How to Make the Right Choice for Your Library［J］. Serials Review, 2013, 31（02）: 125-140.

［4］陈定权 . 图书馆电子资源管理研究［J］. 图书馆论坛 , 2008（02）: 82-84+178.

［5］CYZYK M, ROBERTSON D. H. HERMS: The Hopkins Electronic Resource Management System［J］. Information Technology & Libraries, 2003（03）: 12-17.

［6］陈大庆 . 国内外电子资源管理系统研究综述［J］. 图书馆论坛 , 2014, 34（07）: 100-106.

［7］张宝珍 , 吴玉珍 , 林柔云 . 香港中文大学图书馆电子资源管理的挑战与对策［J］. 大学图书馆学报 , 2008, 26（06）: 68-74.

［8］李洪 . 基于生命周期的电子资源管理系统的分析与设计［J］. 图书馆理论与实践 , 2002（04）: 11-15.

［9］陈娟 , 萧德洪 . 电子资源管理系统的应用与思考——以厦门大学图书馆 ERMS 的应用为例［J］. 大学图书馆学报 , 2019, 37（02）: 55-61.

（文章、图片均由王英提供）

听，重庆大学的图书“说话”了

无论是校园里的各种鸟鸣虫吟，还是德国作曲家门德尔松等全球知名作曲大师的音乐作品，又或者是《小王子》《80 天环游世界》等经典著作的有声读物，在重庆大学声音图书馆里，读者都可以聆听到。

2019 年 11 月 15 日，由重庆大学图书馆和北京爱迪科森教育科技股份有限公司联合举办的，重庆大学“声音图书馆”开馆活动暨“+ 馆藏”服务平台发布仪式在重庆大学 A 区图书馆逸夫楼负一楼举行。

未来这个声音图书馆将整合重庆大学高价值有声特色资源，保存重庆大学记忆，打造重庆大学特色的有声资源体系。

诗人李元胜在声音图书馆开馆仪式上朗诵诗歌

打造“耳朵上的重大”

重庆大学声音图书馆面积约 300 平方米，有 100 个座位，是以声音艺术为主题，进行相关声音艺术研究、收集、数据库建设和相关学术活动的图书馆。该馆拥有静音电脑、音频解码器、高品质耳机、钢琴等设备，可为师生、读者、社团等举办文化活动提供专业的设备、舒适的场地和丰富的馆藏资源。

在这个声音图书馆里能听到什么?

声音图书馆内景

重庆大学图书馆馆长杨新涯介绍，馆内有图书2500余册，音像制品3600余件，还汇集了各类图书的有声读物、数字资源，戴上耳机，就能在声音的美妙世界遨游。

重庆大学美视电影学院教师罗俊在现场将历时一年制作完成的《聆听重大》捐赠给图书馆。他通过记录校园里的各种声音，打造了一个独特的“重庆大学声音地图”，让身在全球各地的重大校友都能感受母校的脉动。

罗俊还将与声音图书馆合作共建一个特色地理声音档案库，以一个地域为点，收集整理该地区的自然、人文、非遗等具有地标性、特殊性的声音景观，用电影的制作标准制作声景短片，进行数据库存储和管理。

声音图书馆将用全新的新媒体视听技术唤起读者对声景所承载的历史、文化、回忆的艺术联想，从而获得诗意的视听体验。

推动数字资源，启迪师生心灵

为何要打造声音图书馆？杨新涯说，随着时代和科技的发展，图书馆的服务模式发生了翻天覆地的变化，图书馆的发展也需面对新需求、适应新挑战、建设新能力。

声音图书馆中的数字资源

未来，声音图书馆还将开展多种形式的讲座，讲解与声音相关的基础知识，介绍民族音乐和世界各国的声音文化，吸引学生在学习之余积极欣赏有声资源。同时，学生们通过欣赏有声资源，可消除疲劳，增强记忆力和想象力，提高学习效率。

除了听，你也可以分享好的声音。师生可利用手机小程序或电脑端，上传自己学习生活中有意义的音频、视频或图文，通过审核后即可在馆藏平台上分享给大家。

重庆大学外国语学院2016级英语专业学生江群表示，大学的美好记忆、舍友之间的默契相投、精彩的活动演出、温馨的师生互动等需要保存的美好声音，都可以保存在这个图书馆，“非常棒，再过几年、十几年听到曾经的声音，那会是很特别的体验。”

“图书馆服务的根基在于资源，声音图书馆建设的基础在于优质的多媒体资源。”杨新涯说，“图书馆不仅能提供自身的多媒体资源，还能通过‘+馆藏’系统让读者上传资源，审核后纳入馆藏进行长期保存。”他表示，图书馆文献在数字化时代逐渐成为服务短板。构建线上线下服务平台，旨在推动数字特藏资源的共创、共保、共享，实现多媒体馆藏资源的全方位管理与服务。

（本文由“重庆发布”组稿
图片由图书馆办公室提供）

你选书，我买单，现在还可以送到家！

现采基地建设与发展

虎溪图书馆于2010年6月10日正式投入使用，开馆之际，藏书约50万册，对新校区师生读者的文献保障能力有限。随着新校区教师和学生人员增加，需持续加强馆藏文献建设。为了建立有虎溪馆特色的文献保障体系，快速有效地提升文献保障和服务能力，图书馆开始着手筹建图书现采基地。

在学校各部门特别是虎溪校区管理委员会的大力支持下，在合作方——重庆赢天文化传播有限公司的大力配合下，经过共同努力，于2011年3月11日建成图书现采基地，确定虎溪图书馆负一楼A101室为建设场地，面积约300平方米。

“你选书我买单”立等可借新书展示活动

建成初期，由重大书店和武汉三新书业有限公司两家图书供应商，按照我馆确定的出版社范围，入藏人文类为主、书架规范展示、及时加工和典藏等要求，开展工作和活动。图书采购不再是“闭门采书”的二线工作，而是采用了开放式现场馆藏推荐，为读者搭建了资助选购图书的平台，实现了师生读者与新书面对面，与购书馆员面对面，甚至与编目馆员面对面，并建立了快速借书的扁平化服务流程。同时，图书现采基地还搭建成图书馆与读者进行信息交流、作者与读者的现场交流和分享平台，邀请校内外知名人士进行阅读分享交流。

现采基地工作开展、新书展示、立等可借活动和现场交流分享活动的举办，深受读者的欢迎。随着图书馆电子图书馆藏的日益丰富，学科服务和资源荐购工作的灵活开展，以及京东汇采平台的搭建和推广，读者现采基地在完成特殊时期的使命后，于 2020 年 6 月退出历史舞台。

《桥都漫话》作者孙家驷的访谈和分享

京东选书：汇采平台上线，帮学生“买单”

10 月 15 日上午，“你选书我买单”汇采平台上线新闻发布会暨图书馆网络采购研讨会在重庆大学图书馆逸夫楼大厅“重庆大学文库”召开，重庆市多所高校图书馆领导参加了此次会议。

想看书不用花钱买，重大图书馆帮你买单

“传统的图书馆纸质文献建设一般实行由图书馆主导的图书采购模式。在信息技术高度发达的今天，这种模式在纸质图书的保障率和利用率、满足广大师生的全方位阅读需求，以及时效性快捷性方面，有较大的局限性。”重庆大学图书馆馆长杨新涯表示，面对这种情况，重庆大学图书馆与京东集团在相关科技公司的帮助下，合作打造了国内高校图书馆中第一个京东线上图书购书平台，利用线上平台海量的图书资源，真正把图书馆采购权交给读者，使图书馆的馆藏能更好地为学校教学和科研服务。

杨新涯称，平台的上线开创了重庆大学图书馆全新的图书采购模式，既让读者获得了“阅读自由”，又节省了传统图书采购模式的等待时间。建设该平台也是图书馆坚持“文献支撑，文化育人”的办馆初心，积极为学校的“双一流”建设提供更充分的文献资源支撑。

打破馆藏界限，推动图书馆进入“无限馆藏”

“一段时间以来，我一直在向身边的同学们推广这个平台，这个平台操作简单，自主性高，为大家购书提供了便利。”研究生尹伟宏在图书馆刚开始试运行平台时，便立即选择了心仪的书籍下单，用于暑假期间学习。

尹伟宏谈到，想看的书不用亲自去图书馆借或去书店买，只需关注图书馆微信公众号，在“京东买书”自主下单，审核通过后由京东直接配送到我们手中，阅读后归还图书馆，整个过程不需要花一分钱。给了读者选择自己喜爱且图书馆没有入藏或复本量少的书籍的机会，解决了学生购买价格较为昂贵的专业书籍的困难。通过自己选书、图书馆买单的方式，既丰富了图书馆资源，又满足了我们的个性化需求，让我们有

途径、有方向，直接参与到图书馆的购书过程中，实现了双向互利。

平台在试运行三个月以来，根据后台数据统计，已经积累用户 827 个，选书册数达到 486 册。下一步，汇采平台还计划实现纸电一体化，打通出版社到图书馆、读者之间的快速通道。

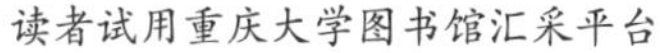
读者试用重庆大学图书馆汇采平台

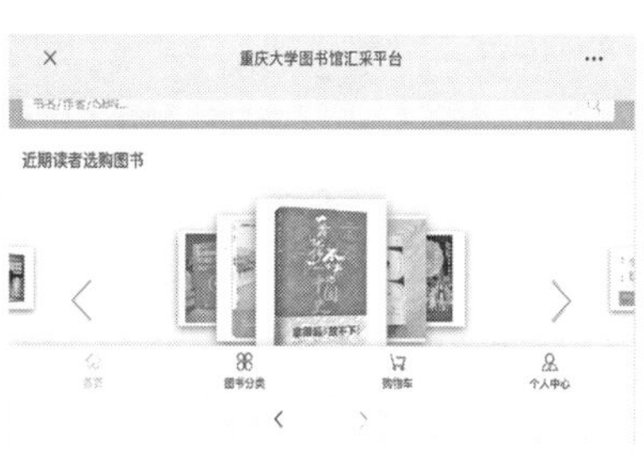

重庆大学图书汇采平台界面

打通京东线上书城，开启智能化服务

“重庆大学图书馆与京东达成合作，是建立在高校数字化管理的合作基础上，充分发挥了京东图书资源和技术优势，共同为重庆大学图书馆开创了国内高校‘首个馆配图书汇采平台’。”京东集团的相关负责人表示，通过智能采购技术将校方 PDA 平台与京东线上书城进行了无缝对接，使读书借阅变得更高效、更智能、更快捷。

2019年10月15日，“你选书我买单”汇采平台上线新闻发布会暨图书馆网络采购研讨会会场留影

该平台由北京市汇云博图科技有限公司、重庆亚德科技股份公司和重庆维普资讯有限公司进行业务整合，将京东线上书城和重庆大学图书馆馆藏系统互联，利用互联网技术打破图书馆馆藏的界限，解决了图书馆没有入藏、复本量少或绝版书籍的借阅问题，也为学生购买价格较为昂贵的专业书籍提供了支持。基于京东大客户 VOP 智采平台接口实现在校师生线上 PDA 图书采购。借阅者可随时通过图书管理系统对非馆藏图书进行实时下单，由京东直接将书快递至借阅者手中并自动生成馆藏记录和借阅记录，借阅完毕归还后即成为馆藏图书流通，且从图书查询到借阅整个过程均实现线上化办理。

（现采基地部分：

由汪培术、孙锐口述，由邓超全采访并整理口述内容

采访时间：2020 年 6 月 28 日—7 月 3 日

采访地点：虎溪图书馆

京东选书部分：

来自重庆大学图书馆主页

原稿件综合整理自中新社、重庆发布、上游新闻

摄影：田力、田勇）

我们的图书馆——虎溪图书馆 2005

重庆大学虎溪校区用地总面积 3670 亩，其中教学区 2628 亩，教工住宅区及发展用地 1042 亩，一期建设用地面积 1800 亩。虎溪校区近期主要完成学校本科一、二年级的教学、教育任务；远期将发展成为高水平、特色鲜明的以本科教育为主的现代化校区。虎溪校区的建设与管理以实现数字化校园为手段，服务于学校本科教学教育改革与发展的整体目标，总体规划、分步实施。

虎溪校区的建设于 2004 年 12 月开工，2005 年 10 月正式开学投入使用。虎溪临时图书馆于 2005 年 3 月开始筹备，精心准备，辛勤付出，于 2005 年 10 月按计划开放。

2005 年 3 月，虎溪校区临时图书馆的建设启动，学校将虎溪综合楼 C 楼的二楼整层，以及综合楼 A 楼底楼的一半，作为临时图书馆用房，共计 2400 平方米，计划入藏 10 万册图书，在新生军训后即投入使用。

图书馆确定由杨新涯馆长助理全面负责虎溪校区图书馆的建设和管理工作，其他部门紧密协作。临时图书馆设置了如下服务机构。

①自然科学图书借阅室：提供自然科学图书的外借、阅览服务，有 228 个阅览座位。

②社会科学图书借阅室：提供社会科学图书的外借、阅览服务，有 180 个阅览座位。

③期刊阅览室：提供现刊、报纸、过刊合订本的阅览服务，提供文献复印服务，有 300 个阅览座位。

④数字资源阅览室：提供利用重庆大学数字图书馆的检索、下载、保存等现代文献服务，初期共有 62 台计算机。

为了保障开馆时间，将 C 区图书馆 3 楼作为临时书库，从三个校区图书馆抽调适合新生阅读的图书7万余册，进行分类整理、更换磁条、排架等工作，另购3万册新书，共计10万余册。同时，补订2005年下半年期刊960余种。由于时间短、人手紧，集中运送到虎溪的图书来不及整理上架，在9月初，征集了30多名学生志愿者，共同参与图书上架和排架。

馆员们

2005年4月，完成了临时图书馆工作人员的岗位聘任，第一批虎溪图书馆的馆员有：

馆长助理：杨新涯

部室主任：翟伟、周红（兼办公室）

馆员：黄永红、李恭君、胡方林、李骏勇、郑伟炜、赵必会、宋萍、张爱芬、罗慧莲

虎溪校区临时图书馆作为重庆大学图书馆在虎溪校区的文献服务中心，在借阅制度、人员管理等方面，结合虎溪校区的实际情况，进行了改革与创新。在开放时间方面，所有面向读者开放的文献服务点每周开放94小时（周一至周日，8：00—22：00，周四下午政治或业务学习），大大超过当时其他校区的服务时间。在服务方式方面，全部采用充、消磁的图书防护设备，实行全开架借阅服务，读者可以带包进入阅览室，深受读者欢迎。在人员配置方面，合理调度，提高了工作效率。

临时图书馆运行

虎溪临时图书馆于2005年10月15日正式对读者开放。一个环境优美、开放的图书馆展现在7000余名2005级新生面前，图书馆出现了前所未有的“阅读热”。

2005 年 8 月 31 日，修建中的综合楼

面对读者的热情，虎溪图书馆的全体工作人员付出了艰苦的努力，克服各种困难，为虎溪校区的教学、稳定工作作出了巨大贡献。以最繁忙的 2005 年下半年为例，阅览人次达到 247118 人次，借阅图书 13019 册（由于“一卡通”发放较晚，所以 2006 年 1 月 10 日才正式对外借书）。这一学期图书馆每天的接待人次维持在 3000 人以上，平均每位学生到图书馆 36 次。

图书馆的数字资源阅览室成为虎溪校区建设之初同学们学习新知识、对外联系的重要渠道，60 台计算机远远不能满足需求，很多同学需要排队 3 个小时才能上机 2 小时。在阅览室中，没有座位的同学都席地而坐，图书馆为此专门购买了数百个塑料小凳子。

2006 年，阅览室共接待读者 646917 人次，外借图书 268685 册，归还图书 236693 册，复印资料 7 万余张。

针对虎溪校区的学生群体主要是低年级同学的现状，图书馆加强与学生教学信息中心的沟通，及时了解同学们的意见和建议，并认真采取措施加以改进。充分发挥图管会同学的工作热情，使他们成为读者与图书馆联系的纽带。针对新同学制作了相关宣传资料、宣传标语，举办各类讲座。

临时图书馆中座无虚席，无数学生直接席地而坐

临时图书馆的扩建

2006年5月，在虎溪校区管委会的支持下，将综合楼1层的6间大教室交付虎溪图书馆使用，图书容量增加到22万册，新添90台计算机，最大限度地保障同学们的需求。

为此，在开学前，临时图书馆增加了3名馆员和2名临时员工，利用假期，加班对馆藏布局进行了调整：

① 现刊阅览室改建为电子阅览室，提供270个电子阅览座位；

② 原电子阅览室改建为现刊阅览室，提供42个阅览室座位；

③ 新增新书借阅处，以开架借阅为主，提供5万册新书借阅，共72个阅览座位，开放时间为每天8：00—17：30；

④ 新增合订本期刊与阅报室，用以阅览合订本期刊与报纸，开放时间为周一到周五的8：00—12：00，14：30—17：30。

新馆建设　成绩卓然

根据重庆大学虎溪校区总体建设规划，于2005年底开始设计和建设新图书馆。新图书馆是重庆大学虎溪校区建设的一个重点工程项目，学校要求将虎溪图书馆建设成为一个多功能的、符合信息技术发展的网络化、数字化和智能化的图书馆，成为虎溪校区的标志性建筑。

建筑方案的确定

2005年10月，虎溪图书馆的设计方案招标会举行，时任党委书记的祝家麟教授主持招标会，杨丹副校长和彭晓东馆长参加会议。

杨丹副校长与彭晓东馆长在方案招标会上

新馆建筑面积36000平方米，北临云湖，南临虎溪河，环境幽雅，是一座现代化的大学图书馆。经过讨论，最终确定重庆大学校友汤桦设计的C方案。该设计方案具有独特、创新的特点：

① 新图书馆的色彩使人眼睛一亮，在整体色彩偏暗的虎溪校区十分突出，体现了建筑的标志性；

② 10~12层的建筑高度，与虎溪校区现有的不超过6层的建筑错落有致；

③ 拥有这样一座大胆创新的后现代主义风格的图书馆，将极大地鼓励重庆大学学子敢于创新、勇于创新的精神，人文精神的潜移默化将根植于学子心灵的最深处，犹如读万卷书，行万里路。

该方案公布以后，获得了广泛的赞誉。有人说她像一把椅子，让学子静静地坐着阅读；有人说她像一架钢琴，等待学子弹奏最美好的乐章；有人说她像一座阶梯，等待学子攀越；有人说她是一本打开的书，让学子获取知识……

虎溪图书馆设计稿中的正面效果图

新馆建设

为了保证虎溪新馆从建筑到管理、运行，都实现国内一流的目标，2008 年 3 月，图书馆和虎溪校区建设指挥部的领导及相关人员先后赴上海交通大学等 12 所兄弟高校图书馆和深圳大学城图书馆进行了详细的考察，多方吸纳可以借鉴的素材和信息。

作为大学城地标建筑，新馆地处虎溪校区的中心区域，建筑工程项目总用地面积约 29783 平方米，建筑物占地面积约 5978 平方米。场地地势低平，地貌属山丘地，地上建筑面积 32861 平方米，地下室建筑面积 3357 平方米，基建总面积约 36218 平方米。结构形式为全现浇框架结构，独立柱基础。

新馆建设项目工程于 2007 年 10 月动工，总投资 2 亿余元，于 2010 年 6 月施工完成交付试运行。建成后的新馆造型美观大方不失内敛，现代休闲不失纯粹与安静，清晰单纯的外立面引领着重庆大学城全貌的整体规划，大写“L”造型如一本打开的红皮书、一个笔记本电脑、一架优雅的钢琴，寓意文化、科学、艺术聚集于此，充分彰显了新馆独特的文化内涵，也鲜明地突出了新馆在大学城建设中的标志性影响。醒目的砖红色外表时刻提醒重大学子“求知、求精、求实、求新”的学风，也时刻鼓励重大学子要敢于创新、勇于创新。

（杨新涯供稿）

开在舍区的图书馆　一出世便成“网红”

缘起

虎溪图书馆位于校区东南侧，而绝大部分学生宿舍在校区北侧、西北侧。距离最远的松园宿舍区域，学生们步行到虎溪馆的距离达到了 1.3 千米，住在这个区域的 1000 多名学生要夏日顶着烈日、冬日冒着寒风才能来到虎溪图书馆，无形中给学生们来图书馆增添了困难。纵然图书馆有再多优秀的馆藏资源，在网购和外卖的快节奏时代，师生们来一趟图书馆的步行成本还是太大了。

社区图书馆的这一概念其实早就有之，特别是在西方发达国家，其发达的社区图书馆网络支撑起了数以万计的社区公共服务网络。这一模式起初在我国的公共图书馆体系应用广泛，但在高校却无先例可循。

“为何不把图书馆开到宿舍去呢？”这一想法最早由杨新涯馆长提出，他认为把图书馆的馆舍和服务在物理空间上得以延长，是图书馆做好阅读推广和精细化服务的一个突破口。但新修馆舍必定需要大量建设资金，资金从哪儿来，建在哪儿等一系列问题一直困扰着我们，致使这个计划久未启动。事情的转机发生在 2015 年，经过馆领导的大力宣传和游说，终于获得了重庆市民生能源股份有限公司一名校友的一笔 50 万元的捐款。正是这笔捐款的到位，实现了多年的愿望。

前期准备

经过综合考察，第一个舍区的书屋选在了松园一栋一楼架空层。原因有二：一是松园是校区内距离图书馆最远、入住学生数量最多、体量最大的宿舍区；二是松园紧邻校区西一门，与教职工家属区虎溪花园 3 号门几乎相对，是绝大部分住在家属区的教职工进出校园的必经之路。

选址于此，服务范围既可以覆盖到整个松园宿舍区，还能延伸辐射至整个虎溪校区教职工及家属。

经多次与虎溪校区管委会沟通并向学校申请，我们终于获得了批准。随后，我们找到了北京华茂中天建筑规划设计有限公司，对书屋进行了头脑风暴式的畅想和构思，最终达成了初步设计意向和设计元素：文艺范儿，咖啡店和书店风格，实木桌椅，望向窗外的吧台，暖黄灯光，轻音乐环绕，留言墙，休闲读物，自助借还……经过与设计师王宇翔反复多次的沟通和修改，最初的3D效果图跃然纸上。

松园书屋设计稿

松园书屋开放啦

松园书屋历经选址、设计、建设施工、软装布置、书籍上架等筹备工序，终于在2016年11月8日迎来了试运行。试运行期间，每天9：00—20：00开放。最初的藏书量仅为6000册，刚开放的一段时间里，借阅系统并未调试好，不能借书，但设备设施到位后就立马开放了借阅服务。因为这里藏书类型的特殊性，最早的借阅期限与主馆的30天不同，只有3天。但运行一段时间后，有的同学抱怨3天无法看完一本书，于是才调整到了现在执行的 7 天。

温馨的松园书屋

为迎接书屋的试运行，我们的工作人员精心筹划了开馆小仪式，为当天到书屋的第一位读者送上贴心的首读礼——我馆定制的“悦读笔记本”，而这位幸运儿就是来自材料学院的略显腼腆的男同学。

松园书屋开放第一天发布的微博

为了给书屋营造温馨的阅读氛围，馆员还多次到访宜家家居选配了不少装饰品，甚至还有教师从自己家里带来了漂亮的布偶和挂画，布置在书屋里，为书屋增添了不少新元素

成“网红”了

自开放以来，松园书屋因为其浓浓文艺范儿的优美环境和国内首家学生宿舍区书屋的创意，引起了各大媒体密切关注和竞相报道，一不小心就成了“网红”图书馆，得到了全校师生以及周边社会读者的肯定，一座难求变成了常态。

2018 年筹备开馆的黄葛书屋和竹园书屋，后分别更名为蕉林斋和拢翠斋

为应对师生们对书屋的渴求，缓解松园书屋的运行压力，2018 年 6 月 19 日，拢翠斋（竹园二栋）、蕉林斋（松园五栋）相继建成并投入使用。两个新图书馆均由虎溪校区管委会出资建设，并交由图书馆进行管理和维护。

三个书屋三种风格

2019 年，经提议，三个书屋更换了名字，分别为听松斋（松园书屋）、拢翠斋（竹园书屋）、蕉林斋（黄葛书屋）。三个书斋的装修、家具和藏书各有特色：

听松斋（松园书屋）位于松园一栋，装修及家具选取文艺乡村实木风格，总面积 184 平方米，提供阅览座位 80 个，并配置自助借还机。藏书以人文社科中哲学类、经济类、教育类、文学类、艺术类、地理类和传记类等休闲类读物为主，现有书籍 9287 种，9573 册，期刊 50 种。特设经典文学套书专架，上架了金庸、古龙、黄易、梁羽生、三毛、亦舒、张爱玲、阿加莎克里斯蒂等作家的小说集。置身书屋就如坐在家中的休憩书房，暖洋洋的黄色灯光，厚重复古的木头桌椅，柔软舒适的特制抱枕，还有活泼伶俐的书架布偶和生意盎然的绿色植物。

拢翠斋（竹园书屋）位于竹园一栋，装修及家具选取美式咖啡店休闲风格，总面积 260 平方米，提供阅览座位 100 个。藏书以人文社科中文学类、艺术类、地理类和传记类等休闲类读书为主，现有书籍 8778 种，10930 册，期刊 40 余种。特设新时代红色文献专架，摆放习近平总书记著作；另设重庆大学出版社专架及经典文学套书专架，上架了重庆大学出版社 2017 年排名前 60 图书、2018 年新书、鹿鸣心理及好奇心系列优秀图书，金庸、亦舒、张爱玲、东野圭吾、阿加莎克里斯蒂等作家的经典小说集。

蕉林斋（黄葛书屋）位于松园五栋，装修及家具选取简中式风格，总面积 206 平方米，提供阅览座位 90 个。藏书以人文社科中哲学类、教育类、文学类、艺术类、地理类和传记类等休闲类读物为主，辅以少部分国学相关典籍、传统文化相关书籍和红色文献，现有书籍 5705 种，6024 册，期刊 40 余种。特色专架设置同拢翠斋一致。

三个书斋均采取“图书馆职工 + 图管会勤工助学岗 + 学生志愿者”运行和管理模式，不仅缓解了图书馆人力成本压力，还调动了学生共建美好书屋的积极性。

新开放的蕙风斋

前三个已建成的书斋均在虎溪校区北部区域，而住在南部区域的兰园以及未来的博士生公寓楼的同学们一直以来都很难享受到书斋的环境福利。这个夙愿在 2020 年下半年达成，虎溪校区管委会顺利完成了选址（兰园三栋架空层）、资金申报、设计选案、施工招标，已在重庆大学图书馆 90 周年馆庆期间交付使用。

试运行中的蕙风斋，已经一座难求

蕙风斋整体风格为欧式简约风，相信随着它的落成，我馆“把图书馆开到宿舍去”这样一个大胆、创新的想法进一步在虎溪校区得以实现。今后，随着人工智能技术的应用，几个书屋必将构建起图书馆发达的服务网络。这在全国乃至全球的高校图书馆中都属首创！是我们图书馆的明星工程。

（虎溪馆供稿）

甜蜜虎溪馆，一起赶大集！

甜蜜虎溪馆

2015 年初，虎溪馆为了阅读推广，给读者更好的入馆体验和难忘记忆，让早上来图书馆学习的读者有惊喜和神秘感，设定每个月 1 号为甜蜜日，早晨开馆时在虎溪馆大厅布置桌子摆放小甜品供读者们自取。第一次甜蜜日活动于 2015 年 4 月 1 日上午开馆时举办，并在官方微博上进行了相关宣传，引起读者热烈反响。

随后的每一个月 1 号（后经过实践考虑到 1 号节假日较多，改为每月最后一天），虎溪馆都会举办甜蜜日活动，吸引入馆读者。随着活动的成熟和有效推广，虎溪馆提供了更加人性化的服务，如为考研学生专座送暖心茶点，为他们加油打气；为读者提供台灯、插座等便捷化用品，广受学生好评。

重庆大学图书馆

2016-12-21 11:20 来自 iPhone 6

冬至考研er福利，暖暖的，很贴心

@濮之水

冬至考研er福利——红枣姜茶&旺旺雪饼。介么贴心的图书馆请多来几沓。@重庆大学图书馆

2016-12-21 11:12 来自 Android客户端 1 10 2

考研学生收到图书馆考研小福利之后发微博点赞

以这种新颖的活动形式，强化了读者到馆的归属感，在提供了暖心服务的同时，提升了读者到馆的趣味性，正所谓“早起的鸟儿有虫吃”，图书馆一直倡导以人为本，精心营造良好的阅读学习氛围。从 2015 年至今，一共开展了 40 余次甜蜜日分享活动，每一次的黑板画都由馆员精心设计。

甜蜜日活动以及国庆 70 周年、校庆 90 周年甜蜜日活动留影

虎溪馆赶大集

“虎溪馆赶大集”是重庆大学图书馆自 2015 年始创办的“4·23”世界读书日大型全民阅读品牌活动，已成功举办了四届，活动参与人数超过 4000 人次。自第一届始就是图书馆阅读推广的精品活动，同时也是各大媒体争相报道的网红。

举办该活动的目的是为大学城片区师生和附近居民搭建一个图书阅读与交换交流“集市”，以每年 4 月 23 日的世界读书日为契机，结合中国传统民俗、音乐、阅读等文化，开展集相声曲艺表演、古诗词猜灯谜、名画赏析与拼图比赛、国学中医知识普及、书法抄写国学经典与朗诵经典、查中华字典比赛、珠算比赛、茶艺文化展示、汉服与古籍文化展示、中华传统美食现场教学与分享、传统手工艺教学与分享（剪窗花、盘中国结）、围棋、象棋与跳棋比赛、传统游戏团队踢毽子、荒野场景逃生知识普及与集游戏于一体的大型全民阅读游园品牌活动。

肖铁岩书记在赶大集活动上赠书

第一届“虎溪馆赶大集”开启了我馆利用微信服务号进行新媒体宣传的先河，首次利用我馆官方微信公众号进行活动发布、活动攻略、抢票攻略等推送。尽管是第一届，但是参与活动的师生也有近千人，超出了策划者的预期。但由于天公不作美，活动当日大雨倾盆，使得整个活动被迫临时改在虎溪馆二楼中庭区域进行。第一届虎溪馆赶大集于 2015 年 4 月 23 日周四下午 2 点准时开市，开幕式由团委艺术团做了二胡合奏的开场表演，并由杨新涯馆长敲锣开市。这一届活动的特色除了有民乐团的演奏、汉服的展示、曲艺相声的表演，还有现场包粽子体验传统美食的环节，整个活动持续 4 小时。

第二届“虎溪馆赶大集”于 2016 年 4 月 23 日周六下午 2 点开市，这一届活动在虎溪馆四楼露天平台举行，场地大了许多，活动项目也增加了不少，除传统活动项目增加了名画拼图、妙手回春（中药）、年味窗花、中国结、荒野求生等新项目外，还联合了贵州民族大学图书馆对贵州民族文化包括苗族服饰，水书、彝文古籍、布依族摩经等地方文献，安顺地戏、傩堂戏等傩文化进行了推广和展示。

贵州民族大学傩文化展览亮相“赶大集”现场

第三届“虎溪馆赶大集”于 2017 年 4 月 20 日周四下午 2 点开市，这一届我们将活动场地挪到了人流量更大的虎溪馆前空地。这一届加入了红楼书声图书馆闭馆主播朗诵大赛，历经一个月层层选拔的 16 位参赛选手进行了声情并茂的配乐朗诵。评选了 6 位写作与声线均一流的学生主播，为图书馆闭馆音频提供了美文配乐朗读的形式，替换了多年的闭馆音乐，融阅读于服务细节。传统美食环节还将粽子改为更加适合四月春季的青团。

“2017 中国好书”入围作者赵序茅访谈现场

第四届“虎溪馆赶大集”于 2018 年 4 月 21 日周六下午 2 点开市。沿袭往年风格，由重庆大学图书馆与共青团重庆大学委员会联合主办，重庆大学出版社协办。展位有抄经诵典（书香重大书友会）、青团制作（与子同袍汉服文化社）、名画拼图（图管会）、查字典比赛、珠算比赛（书虫志愿者）、传统手工艺剪窗花和中国结（中华民俗文化协会）、电影连连看（红房子电影社）共 8 个环节。同时开幕式舞台上由艺术团和汉服社带来的民乐及舞蹈表演精彩纷呈，重庆大学出版社还特别邀请到“2017 中国好书”入围作者赵序茅，现场与赶大集的师生面对面交流和访谈，形式丰富多彩。同时，台上滚动地进行有奖竞答，所有题目都是与图书和图书馆相关的，答对的同学会获得经典图书一本。最后，参与“赶大集”活动的师生通过集奖券的形式抽取最终大奖 JBL 蓝牙音箱和 KINDLE 阅读器。

每一届的活动，都有不少现场参与的社会读者，在我们精心策划组织的欢快而热闹的活动中，全方位多角度地感受和参与到了一场和“书”文化有关的盛宴中，不仅能以书会友，还能潜移默化地了解和爱上中华

“赶大集”活动上的精彩留影

民族传统文化、阅读文化，最终使全民阅读盛行起来。

大学城片区一直没有公共图书馆，在全民阅读背景下，民众日益高涨的阅读需求和大学城片区公共阅览面积不足的矛盾长期存在。为解决这一矛盾，重庆大学图书馆虎溪馆不仅对全社会免费开放，还打造了绘本馆（亲子阅览室）、多个书斋、展览厅等馆舍，增加公共阅读空间和区域，承担了大学城片区的公共服务职责。为使周边居民对虎溪馆熟识，我们开展了“虎溪馆赶大集”这一全民阅读品牌活动，不仅对本校师生，还对大学城片区居民开放。不少市民表示在图书馆里“赶大集”新鲜好玩，还能体验各式传统文化，抄经诵典，非常长见识，以后会多来图书馆。

（虎溪馆供稿）

68 号座位——一个温情的故事

这是发生在虎溪馆八楼的暖心系列故事。一位新浪微博名叫 @CQU_Tera_ 小臭鱼的同学通过留言板——一张张白纸，与几位曾经在 68 号固定座位停留的陌生人留下的美好记忆。

2015 年国庆节刚过的工作日（推测为 2015 年 10 月 9 日），我就去图书馆九楼的办公室找老师申请了一个八楼的固定座位。等了几天接到老师的电话通知后就去挑选了。手上写着老师念的几个尚未被申请的座位号，来回转了好几圈终于定下来 68 号的这个座位——一个朝着兰园，右前方有扇窗的标准座位。

留言板

欢迎来到重庆大学虎溪校区图书馆八楼保存本阅览室 C 区 NO. 68 固定座位，你的驻足是对我莫大的支持哦~

首先：

我的主人已按学校图书馆的相关条例通过标准程序将我申请为固定座位，原则上应按照一人一座的规定就座使用，

But:

主人因课程安排等个人原因不能时刻用上我，因此为了更大程度地充分利用学校图书馆的座位资源，在无人光顾我之时，任何同学都可以坐下来学习咯！

And:

为了丰富我的内涵和趣味，主人还特地给我留了这个有爱的留言板哟~所以可以拿来干嘛呢，当然是炒鸡无拘无束的哒！在这里，你可以写下你的日程计划表监督自己的学习，也可以写下一些生活的感悟心情神马的，实在不想写字的话，画个画涂个鸦也是十分欢迎的哦，总之发挥你的想象力天马行空起来吧。

最后：

祝大家学业进步，工作顺意，生活愉快！

NO. 68 主人留
2015 年 10 月 14 日

留言板上的文字

没课的时间在这里学习了几天之后，感觉好像没有了刚开始的那种兴奋感和占有欲了，虽然说有时候来会有其他同学已经坐在那里了，但是我也不会去打扰他们，自己直接去下面七楼就好了。有时候看着其他座位经常都没有人来，就觉得这里固定座位的利用率真的是有点低，再加上想增加一点这个位置的人情味，于是，在酝酿了几天并陆续买了材料之后，一块“留言板”就这样诞生了。于是乎，故事就这样

开始了。

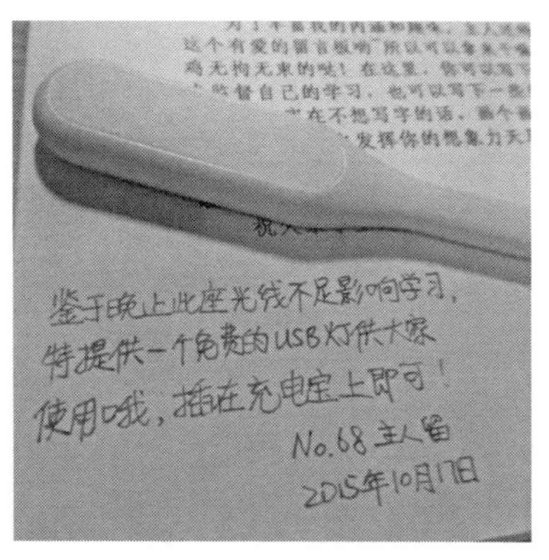

我留下一个 USB 台灯

想着可能没有人会像我这么无聊，所以就给班上的同学看了这个“留言板”，没想到他们颇有兴致地在开头几页开始了自己的涂鸦，我想也算是给它开了个好头吧！不过也许是因为路过的人不多并且他们也不一定能看到的原因吧，开始的几天里都没有任何的变化。在第三天的晚上，我自己为其增加了一项新的功能。

故事一

有时候上午来会发现有位似乎是艺术学院的学姐在这里复习考研，晚上走之前我把曾经坐过这个位置的人留下的东西重新摆放了一下，第二天就看到了那位学姐的留言，字如其人的美。

学姐的字很漂亮

她还在后面附上了一段自己的烦恼疑惑，看得出来她确实是在准备考研而且为之有所烦恼，然而我却无能为力。

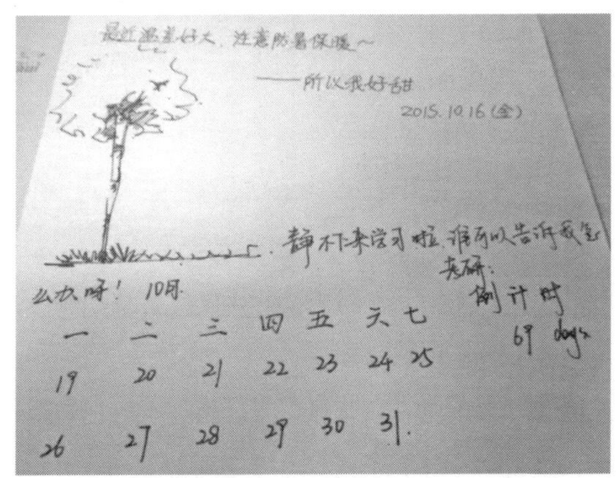

看学姐画的图，可以看出学姐压力很大

不知道是因为这个位置的魅力还是那位学姐的美丽，这段时间又有一位男生经常光顾它，并且在一个晚上离开之后留下了这么一段神秘的密码和他的一本有关密码学的教材。

男生留下的密码

我在经过了一个晚上绞尽脑汁的解密之后发现了他对那位学姐的那点小心思，便在旁边点穿了他，估计那位学姐是没解出来吧。

故事二

这一段应该是一位短暂驻留的小学妹的留言，字迹清秀而刚毅，语言小心又调皮，只可惜就只能在留言下面回复她而没能目睹她的真容。

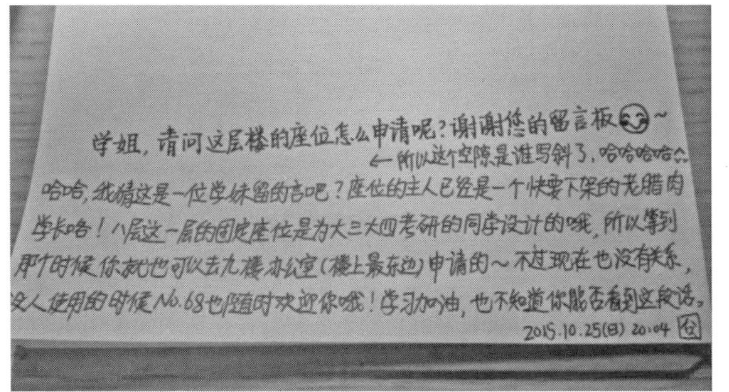

小学妹留下的大段文字

留言板中间的几页就是我自己为了监督自己的一些“苟延残喘”的学习计划。为了让自己更直观地感受到点滴时间的流逝，我便带来了一个“滴答”响的时钟。

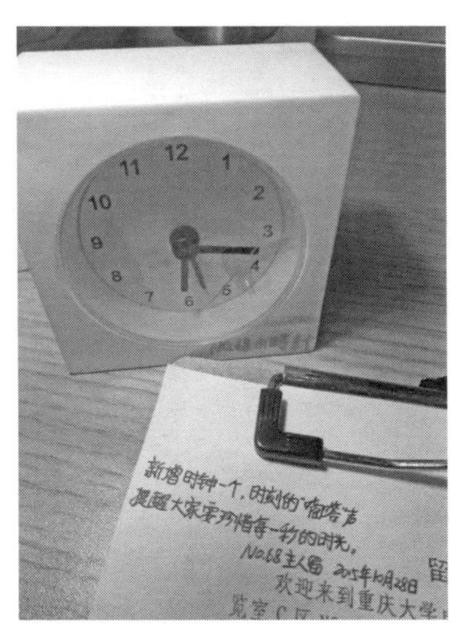

我带来一个闹钟，期望以此提醒自己珍惜时间

故事三

这一个故事的主角是一个分不清座位主人性别，也让人分不清性别的孩子，挺用心画的一个“小黄人”，字里行间都是对陌生人的祝福。

不知道哪位短暂主人画的“小黄人”

就这样过了一段时间，自己都没什么兴趣在这上面留言的时候，又突发奇想地在封面夹了一张人民币。一来是为了吸引更多路人的注意，二来也可以考验一下大家抵抗诱惑的能力，而且万一有谁需要急用钱也正好可以救个急！

我在留言板封面夹了五块钱

故事四

11月之后我的课程就变得多了起来，经常一整天都是课，就算晚上有空也是直接在第一教学楼上自习而懒得去图书馆了。又加上一个月的期限到了没时间去续借座位，所以好像就此把它抛弃了一样，过了快半个月都没动静。好不容易想起来去了一次，发现旁边的座位好像是新来了一个女生，将桌子布置得整洁又美观。

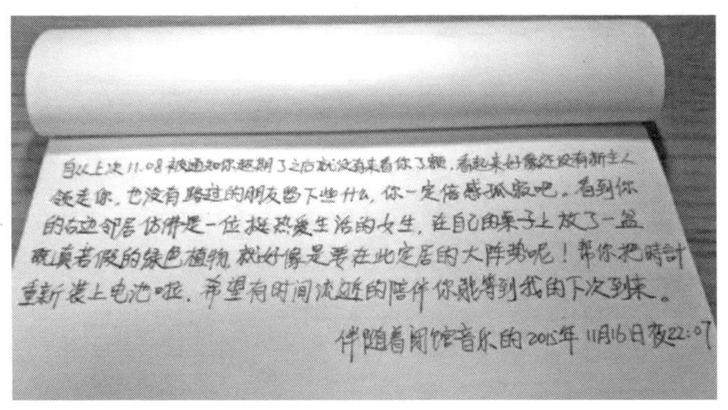
自从上次11.08被通知你超期了之后就没有来看你了额，看起来好像还没有新主人领走你，也没有路过的朋友留下些什么，你一定倍感孤寂吧。看到你的右边邻居仿佛是一位挺热爱生活的女生，在自己的桌子上放了一盆似真若假的绿色植物，就好像是要在此定居的大阵势呢！帮你把时钟重新装上电池啦，希望有时间流逝的陪伴你能等到我的下次到来。

伴随着闭馆音乐的2015年11月16日夜22:07

又是一段长长的留言

也不知道她是很久没来还是一直没看“留言板”，一直到时间过去接近一个月才收到她的回复。

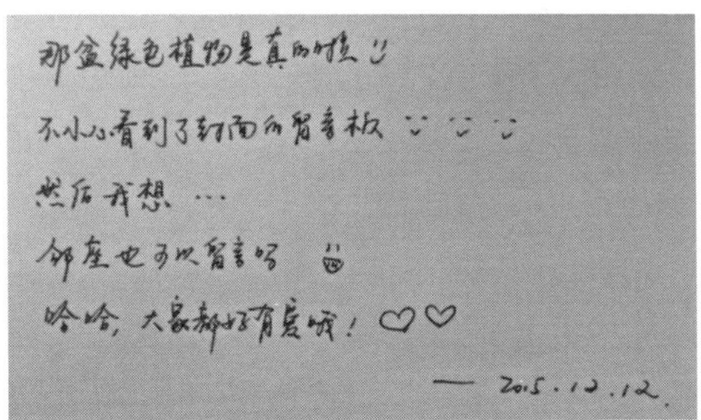
那盆绿色植物是真的植 :)

不小心看到了对面的留言板 :) :) :)

然后我想…

邻座也可以留言吖

哈哈，大家都好有爱哦！

—— 2015.12.12.

大伙儿就绿色植物开始“版聊”

在这期间，还有一位路人的简短留言，以至于窥探不到这位路人的一点点性格，只知道，应该是位热爱阳光的孩子。但是，第二行的单词是什么意思呢?

觉得这是一个好神奇的位子诶 == 好啦，写作业啦 ~
Tschüss! 希望明天后天大后天也是太阳天 ~~
— 2015.11.25

出现了我不认识的字!

可爱的涂鸦

或是对生活的烦恼，或是对他人的鼓励，甚至就仅仅是自己那一刻小小的感慨，68 号座位 “留言板” 都一一记录下来。几个素未谋面的陌生人之间，通过这样一张张小小的白纸，传递着温情与美好。

最后，祝所有认真复习备考研究生入学考试的师兄师姐们取得自己满意的成绩，同时也欢迎更多的人去虎溪图书馆八楼保存本阅览室 C 区 68 号固定座位分享传递这份正能量!

（原文来源：重庆大学图书馆官方微信

原文推出时间：2015 年 12 月 22 日）

我们曾战斗在北川县图书馆

我于 1996 年 7 月至 2012 年 3 月在重庆大学 C 区图书馆工作（原重庆建筑高等专科学校），先后在重庆建筑高等专科学校编目室、重庆大学 C 区图书馆流通借阅部工作，曾任重庆大学 C 区图书馆读者工作部主任，由于工作的调整，现在重庆大学校友会工作。

我在重大 C 区图书馆工作了 16 年，对 C 区图书馆有很深的感情，在图书馆的工作经历成了我生命中很重要的一部分。在工作中，印象最深刻的有两件事：支援北川图书馆重建及 C 区图书馆由普通图书馆调整为历史文献馆的战略转变。

张岚，曾在 C 区图书馆读者工作部工作

“5·12”之后，我们驰援北川县图书馆

2008 年“5·12”大地震后，重大图书馆率先决定为北川县图书馆重建作贡献，并选址在重大 C 区图书馆建立了“北川县图书馆（临时书库）”，由我全面负责筹建北川县图书馆，通过广泛向社会各界发出倡议，为北川受灾群众送去精神食粮。经过近两年时间，接收了各方捐赠图书、

期刊及音像资料 2 万多册。尽管只是临时书库，但 C 区图书馆馆员仍按馆内图书标准进行清点、入库、排序、上架、整理，保持书库的整洁有序，并在北川重建完成后，统一送往新的北川县图书馆，为灾后北川县图书馆的重建作出了巨大的贡献。

北川临时书库内与志愿者合影

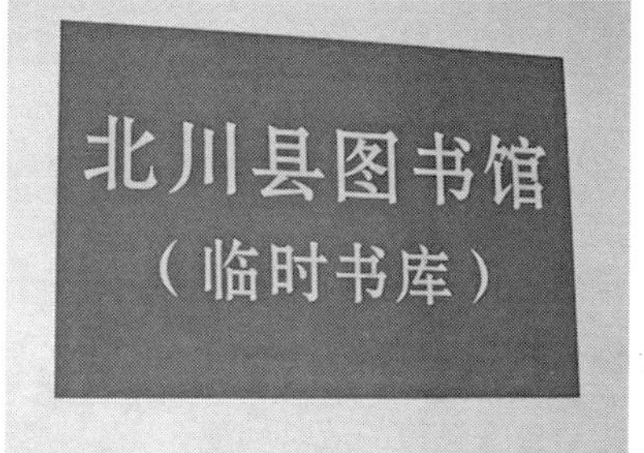

北川临时书库正式挂牌

C 区图书馆化身“历史文献馆”

为支持重庆大学图书馆整体规划部署，完成了重庆大学 C 区图书馆读者工作部向重庆大学图书馆 C 区历史文献馆的转变。为接收由理工馆和建筑馆调拨到 C 区图书馆 20 万余册书刊的存放，C 区图书馆的馆舍、书库和阅览室也作了相应的布局和调整。规划合并一楼和二楼书库，把一楼书库所有的书架和近 5 万册社科类图书整体搬迁，腾出一楼书库安装密集书架。

为保证密集书架的顺利安装，C 区图书馆全体工作人员发扬不怕脏，不怕苦的精神，首先对一楼书库的 5 万余册社科类图书按顺序打捆编号，搬运至二楼，然后对二楼书库 3 万余册自科类图书全部下架、重新排架，所有的图书都经过多次的倒架、密集排架。在大家的共同努力下，历经两个多月，最终完成一楼、二楼书库的合并工作，为密集书架的安装作好了前期准备工作。

C 区图书馆工作人员打包图书

飞速发展的图书馆

我在图书馆工作的那段时间里，重大图书馆的规模发生了有较大的改变，在原来的 A、B、C 三个分馆的基础上还新建了虎溪图书馆，并重新规划了原来三个分馆的职能。明确 A 区为理工馆，B 区为建筑馆，C 区为历史文献馆，D 区为虎溪人文社科馆，功能的分区促进了图书馆专业化和系统化发展。在工作导向上，图书馆积极承担起文化支撑和文化育人的重任，更加注重读者感受，升级图书馆软硬件设施，同时注重与国际接轨，为读者提供多元化服务。增加图书馆开放时间，实现每周七天共 90 小时的读者服务，开通三个校区之间图书的通借通还功能，深受广大师生的好评。

重庆大学图书馆一直坚持“文献支撑、文化育人”的办馆宗旨，近几年做了很多改革和创新。在重庆大学 “双一流”建设中，重庆大学图书馆为学校的教学和教科研提供高层次的信息资源支撑和服务，倡导“资源、管理、服务”三位一体协调发展的建设思路，坚持“服务第一、读者至上”的工作理念。从打造“文艺范儿”到建“声音图书馆”，再到智慧图书馆，各种创意点子频出，使重庆大学图书馆成为让其他高校学子羡慕的“别人家的图书馆”。期待在建馆 100 周年之时，把我们图书馆建设成更人性化、更智能化的有特色、有底蕴的世界一流图书馆，成为学生心目中最美的大学生活天堂。

（本文由张岚口述、由刘玲采访并整理口述内容
采访时间：2020 年 6 月 25 日
采访地点：重庆大学 C 区图书馆）

2008 重大文库成都行

2008 年 11 月 28—12 月 1 日，为进一步推进重庆大学文库的建设，图书馆党总支书记邱荣富一行 5 人赴成都拜访部分杰出校友，重点收集杰出校友的重要文献。

在成都工作的重庆大学校友有 2 万多名，在成都校友分会的大力支持和精心安排下，邱荣富书记一行通过登门拜访、座谈等方式拜访了近 50 位杰出校友，给校友们介绍了学校目前的发展状况、学校筹备八十周年校庆的情况以及重庆大学文库的建设情况。在交流座谈中，张兴民、何建平、刘茂才、黄籍中、杨纯暇、王家树、赵昌宗、张廷学、张锡纯、戴顺裴、周健、陈中义等校友由衷表达了自己对母校的感情，深情回忆自己在学校学习或工作的情况，为学校取得的长足发展感到高兴，并对学校今后的发展提出了很多宝贵的建议。刘茂才等许多老校友将他们自己宝贵的文献资料捐赠给了重庆大学文库建设办公室。此行我们共收集到《刘茂才文集》《徐尚志作品集》等文献近 30 件，还收集到了一些很珍贵的老照片。

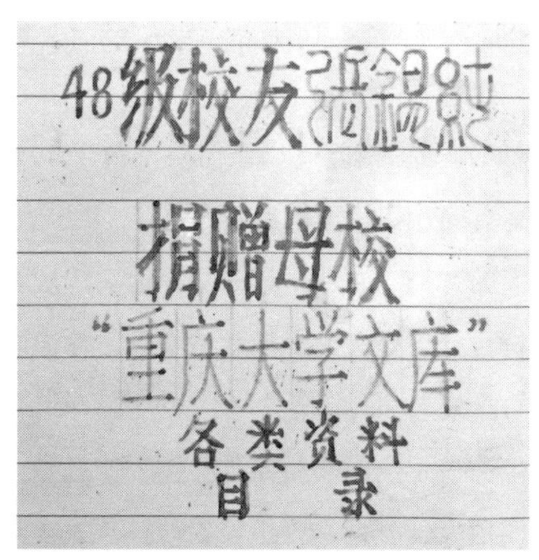

1948 级校友张锡纯手写捐赠目录并捐赠大量实物

交流会上老校友们热情发言

在本次拜访中，我们有幸见到了徐僖院士。徐僖院士曾于1949—1953年在重庆大学工作。87岁高龄的徐僖院士依然精力充沛，才思敏捷，步履矫健。他热情地接受了我们的拜访，并深情地表示，他对重庆大学很有感情，很感激母校，愿意将自己的有关文献捐赠给学校。徐僖院士是我国高分子材料科学与工程的奠基人和开拓者之一，1991年当选为中国科学院院士（学部委员），曾被授予全国高校先进科技工作者和全国教育系统劳动模范称号。现为四川大学教授，曾担任成都科技大学高分子研究所所长、高分子材料工程国家重点实验室学术委员主任，兼任上海交通大学高分子材料研究所所长。

邱荣富、周红、周剑在徐僖院士家中进行采访

（邱荣富、周红、周剑供稿）

半世纪前的学生证，依然可进图书馆

九十周年校庆当天我们值守在办公室，这一天陆陆续续有不少老学长来咨询捐赠。老校友们都是回来参加校庆的，觉着年纪大了，想把有些东西送给母校。

2018 年 4 月 10 日，张大威老校友第一次来图书馆时特藏部馆员发的朋友圈及图片

一位似曾相识的老先生来到了办公室。老先生从包里拿出了不少东西，我们瞬间想起了前因后果。2018 年 4 月，老先生想来 A 区图书馆社科阅览室阅览，担心进不来图书馆，于是带上了半个世纪前的学生证。老先生当时就说以后会找机会把学生证捐赠给我们。

九十周年校庆，老先生很开心地回来了，带来了自己和老伴儿的文凭原件、学生证、校徽、专业合影照。老先生和老伴儿是同班同学，校徽上的编号和毕业文凭上的编号都非常接近。老伴儿身体不太好没有来参加校庆，老先生说他一直记得给我们的承诺，要来捐给我们，于是就带着各种原件来了。最后老先生把两个学生证留下了，校徽、毕业证、相片因为老伴儿舍不得，暂时不捐赠给我们，但是过些年年纪大了，肯定会给我们，让我们一定记得联系他。几天后的一个深夜，老先生把标注了每个同学名字的相片原件发给了我。

捐赠书籍是图书馆的常态，捐赠这样有故事的物件是近年才开始的业务工作，因为这样的捐赠，我们的岗位上会有很多感动的瞬间。

机械系 1966 届（1961 年入校、1966 年毕业）在团结广场上的合影，后排右二为相片提供者张大威校友，前排右二为其妻子王明鑫校友

（图片由张大威老校友提供，王彦力供稿）

谢谢捐赠，欢迎下次再来！

在文献捐赠这个岗位掐指算算，年头正好到三。经手的捐赠书籍不多不少，小几千册。可能在大家的意识里，书籍捐赠就是把自己不需要的图书或认为对其他读者有益的图书捐到图书馆，让它们继续发挥余热，惠及更多的读者。也不仅仅如此，捐赠书籍对于高校图书馆来讲，更具有丰富馆藏资源，发展特色馆藏建设，拓展馆藏建设深度的作用。

在众多的社会捐赠和校友捐赠中，特藏部既经历过大量"奇文共赏"，又有对大宗捐赠的精美装帧和翔实内涵的叹为观止。有的老教授信任将毕生心血著作赠与图书馆收藏研究，也有社会读者将"邋遢本"作处理一股脑"倾囊相授"。短短三年的工作中，确有不少令人印象深刻的捐赠，时值图书馆九十周年馆庆，想将几个小故事分享。

捐赠书籍上加盖的"赠阅"字样章

文献捐赠的接收和加工工作中，最普遍常见的是"快递封皮 + 捐赠书籍"的组合方式，有部分捐赠者很热心地附上了捐赠清单或说明，我们也习惯了"拆快递 + 粗加工 + 编目 + 上架"的流水作业方式。然而在2017 年冬季的某天清晨，从拆开的一箱捐赠包裹泡沫保护膜中露出一部kindle 时，我双目圆瞪，思绪呆滞了那么一秒，发现事情没有那么简单。

9 本图书加一部 kindle，《禅与摩托车维修艺术》《世界观：现代年轻人必懂的科学哲学和科学史》《未来简史》《Astrophysics for People in a Hurry》……本本都是内容奇特而有趣，装帧整洁美观，豆瓣评分均在 7 分以上的精品图书，绝对可以使读者获益良多。哲学、科学、历史、

捐赠书籍合影

天文……这 9 本图书所涵盖的领域给予了读者更为丰富的选择。随书附信笺一封，是诚意满满的阅读推荐。捐赠人自称“徐先生”，以好友“马玲”和“王佩佩”的名义将书籍和 kindle 捐赠给重庆大学图书馆。三人均为重庆大学校友，毕业后，想通过每年向母校捐赠图书这个方式，将自己的心意和情感通过书籍传递给学弟学妹，愿他们在岑峦起伏、烟岚氤氲的书山中，寻到一条体验学问、充盈自我的路径。相信爱书之人都曾有过这样一种体会，优质的书籍总是让人产生一种迫不及待一睹为快的饥饿感，这 9 本捐赠书籍就如给灵魂准备的一桌饕餮之宴，随时准备招待各位饥肠辘辘的看官。

时间回到 2019 年，特藏部已经习惯了每年不定期到来的捐赠小惊喜，期待着与徐先生、马玲和王佩佩的一期一会。2019 年的阅读盛宴在阴雨绵绵的 5 月开席，13 本图书，上天文下历史中间科技大爆炸，内容囊括了历史、教育、金融、科技和天文学，每一本都在附上的信笺中记录了阅读笔记并画好了重点。这是何等地用心啊，毫不夸张地讲，每年收到他们的捐赠都会使我热泪盈眶……容我截取一段阅读笔记，也许能让你们体会到捐赠者内心感悟的一二。

《今天》：题目就是指“历史上的今天”。当然这本书不是简单列举历史上的某一天发生了什么重大事件，对后世有什么影响。作者选取的不是传统意义上的伟人伟业，而是普通人（也有一些名人）如何在平凡的生活中做出改变世界的举动。每个故事都是一颗种子，发芽成长，开枝散叶，为我们的人生提供某种指导。

《发现东亚》：这本书讲的是东亚世界（中朝日）在近现代历史进程中的发展轨迹。这本书破除了很多错误说法，让我明白现代化绝不是西化，近现代的东亚世界也绝不是完全闭关锁国的。东亚各国在明代及以前，都处在一个由中国引领的天下体系当中。直到清朝取代明朝，尤其是大航海和地理大发现后，越来越多的西方人来到东亚，这个天下体系才逐步瓦解。正当清朝国力衰败时，朝鲜半岛和日本都在各自探索新的天下体系。日本在20世纪初国力日渐强盛，当时的日本知识分子就意识到了西方殖民帝国主张的秩序并不是平等地看待东亚的，殖民现代化也不适合东亚，因此提出建立东亚一统的体系。这一想法逐渐演变成臭名昭著的“大东亚共荣”，“二战”的失败标志着日本探索新秩序的彻底失败。但这不代表他们看到的问题是假的。如今的中国国力昌盛，未来如何继续走自己的路，如何让东西两大秩序体系相容，是我们面临的巨大挑战。

2019年重庆大学九十周年校庆，何知礼院士发起了“为母校捐赠书籍”的倡议，为响应校庆九十周年捐书倡议，全国各地校友纷纷行义举，图书馆所接收的捐赠书籍源源不断。某一天我们又收到了两箱沉甸甸的捐赠书籍，经过整理，共计64册工程建设类专业书籍，在整理之中，还发现了这封饱含对母校的拳拳之心，对学弟学妹殷殷之情的捐赠感言……

捐赠感言

一九七七年十二月，在祖国的西南边疆昆明，我以下乡知青的身份，有幸参加了高考，从此改变了自己的命运。作为改革开放四十年的亲历者、受益人，与时代同行、与祖国同行、与世界同行，十分感谢党和国家、感恩伟大时代。重大是我建筑人生的起点，人生路上攀登的阶梯，远航的路灯。作为一名重大人，“耐劳苦、尚俭朴、勤学业、爱国家”的校训精神伴随我一路走来，是母校锤炼了我们菁菁学子坚毅的品格，为我们的成长打下了扎实的基础，我对学校的培养永远深怀感恩之情。大学毕业后，我一直在国内外从事工程建设，经历了时代变迁、国家改革发展的巨大变化以及建设产业的大发展，为祖的繁荣昌盛感到自豪。作为一名重大培养的土木人，见证了服务的公司成长为全球最大的投资建设集团，目睹了重大发展的辉煌成就，为公司和母校感到骄傲。值母校九十华诞之际，为响应“铭初心，聚众力，塑文化，建一流”的校庆主旨，我整理了一批包括本人主编的工程建设专业书籍，捐赠母校，为学弟学妹们的学习成长略尽绵薄之力。祝母校积历史之厚蕴，宏图更展，再谱华章！

捐赠人：毛志兵

2019年9月16日

毛志兵校友捐赠书籍中所附捐赠感言

这封捐赠感言来自现任中国建筑集团有限公司总工程师毛志兵。毛志兵总工程师于 1978 年 3 月进入重庆建筑工程学院土木工程系工业与民用建筑专业学习，自 1982 年 1 月大学毕业后，长期从事建筑工程业务以及建筑企业管理工作，主持实施了国内外多个大型工程项目，取得了较好的社会效益和经济效益。

此次捐赠书籍均为毛志兵总工程师主编的工程设计专业书籍，书中有大量理论与实践相结合的优秀案例，可为土木工程专业和相关专业的学子们提供极好的学习借鉴。并且每一册书的扉页上，毛总工都仔细签上了自己的名字。作为一名优秀的重大校友，毛志兵总工程师希望同学们能感受和体会“学长”的一片心意，努力学习，勤于实践，为祖国的强大和母校的一流学科建设贡献自己的力量。

“扬智者之帆，行慧者之路。”我想文献捐赠的意义也是如此，满足广大读者需求，启迪读者思维，在思想上与捐赠者达到共鸣。2020 年是重庆大学图书馆九十岁的生日，我们期待在接受捐赠的过程中有更多的惊喜，我们更相信以后一定会有更多这样的惊喜。毕竟，有那么多深爱着重大的重大人，有那么多关注着图书馆的读者群体，有那么多愿意分享作品的作者，还有更多深爱着阅读事业的人们。

（冉蔚然供稿）

我的民主湖情结

我的民主湖情结

ID：我爱烧锅炉

初闻民主湖，得益于大学伊始新生人手一本的《重庆大学学习生活羊皮书》，我们这一届得到的恰好是重庆大学八十周年校庆珍藏版。该书里不仅讲述了重大的校史，虎溪和老校区的特色与布局，列举了学长的中肯建议，有对新生在学习生活各方面的指导。当然更有吸引各位"吃货"、"驴友"、"购物狂"体验过的美食美景商业所在地。我很庆幸从这本书里汲取到无数正能量，让我开始大学生活时，不至于茫然、忐忑。

这本书的内容全部来自重庆大学民主湖论坛，我完全没想到的是，这个和重庆大学最负盛名的湖泊同名的校园BBS，在我的大学生活中扮演一个多么重要的角色。论坛设置了相当齐全的分类板块，在"江风竹语"探讨文学，品论诗词歌赋；在"心语馨愿"畅聊情感倾诉思绪；在"黄桷树下"分享生活的喜怒哀乐；在"轻松一刻"胡侃各种幽默段子；在"视点"就时事和重大建设针锋相对。我也在"激情体育"找到了球友，在"鱼游天下"寻觅到了同样热衷于徒步和旅游的同伴，在电影和音乐板块同样也寻觅过无数志趣相投的同伴；而在"老乡会所"里，老乡相见两眼泪汪汪的场景不止一次出现。

同学们问我，论坛究竟什么地方吸引了你？我回答，在我遇到学术上的困难时，上论坛求助师兄师姐；在生活中遇到不顺或者心情低落时，在论坛灌水得到开导和安慰。我会默默地去看鱼儿们分享的旅游攻略、生活窍门、冷门知识，以及在其他鱼儿们的文章中窥见他们的生活百态、心里所想。所以在论坛求助帖里频率最高的是——"万能的民主湖"。

我不打游戏、不通宵上网，但民主湖论坛的存在，让我的大学生活却如此地生动而富有色彩。我会告诉学弟学妹们，大学里这是一份净土，是一个触手可及而又温情绵绵的精神花园。

我的民主湖，永远是一个温情的结，它在悄无声息间被我系上，永远不愿解开。它浸润着那些在大学弥漫的每一片青春，并让它们都散发着永远动人的光芒。

（作者：动力工程学院热能与动力工程专业2013届本科毕业生　黄敏）

2013 年 6 月 20 日，《中国教育报》重庆大学专版中刊载了本文

初闻民主湖，得益于大学伊始，新生人手一本的《重庆大学学习生活羊皮书》，我们这一届拿到的恰好是重庆大学八十周年校庆珍藏版。薄薄的书里包含的内容却很多，讲述了重大的校史，虎溪和老校区各自的特色与布局，列举了学长对学弟学妹的中肯建议，更有对新生在学习生活各方面的指导。当然更有吸引各位吃货、驴友、购物狂体验过的美食美景商业中心。我很庆幸自己从这本书里汲取到无数正能量，让我在独自开始大学生活时，不至于太过茫然、忐忑。

这本书由重庆大学民主湖论坛冠名出版，而这些文字，绝大部分来自同一个地方：民主湖论坛。那时的我完全没有想到，在接下来的四年中，这个和重庆大学最负盛名的湖泊同名的校园论坛，将在我的大学生活中扮演一个多么重要的角色。

在班里我是第一个注册论坛的，在没有电脑的前三年里，电子阅览室顺势成为我浏览论坛的最佳场所。论坛针对不同的帖子内容设置了相当齐全的分类版块，在"江风竹语"探讨文学，品论诗词歌赋；在"心语馨愿"畅聊情感，倾诉思绪；在"黄桷树下"分享生活的喜怒哀乐；在"轻松一刻"胡侃各种幽默段子；在"视点"就时事和重大建设针锋

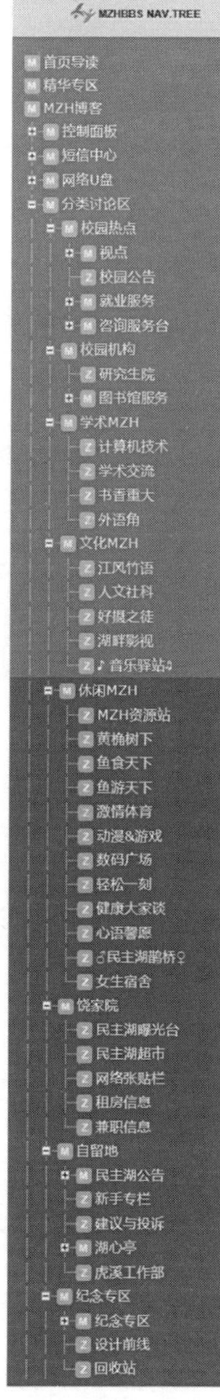

民主湖论坛（MZH-BBS）的版块列表

相对。我也在“激情体育”找到了球友，在“鱼游天下”寻觅到了同样热衷于徒步和旅游的同伴，在电影和音乐版块也寻觅过无数志趣相投的同伴；而在“老乡会所”里，“老乡见老乡两眼泪汪汪”的场景则不止一次出现。

同学问我，论坛究竟什么地方吸引了你？我回答，论坛吸引我的地方，以及我钟爱论坛的原因，远不是一两句话可总结的。在我遇到学术上的困难时，上论坛求助师兄师姐；在生活中遇到不顺或者心情低落时，在论坛灌水得到开导和安慰。我会默默地去看鱼儿们（民主湖论坛发帖人的拟物化名称）分享的旅游攻略、生活窍门、冷门知识；我也时常在其他鱼儿们的文章中窥见他们的生活百态、心里所想。所以在鱼儿们的求助帖里面有一句话出现的频率非常高——“万能的民主湖”。

大学有很多空闲时间，而论坛的存在，给我那些学习之余无聊而琐碎的时光增添了饱满迷人的色彩。我不打游戏不通宵上网，也不是纯粹的学霸，甚至没加过社团，可我从来都没有觉得我的生活单调乏味。相反，因为论坛，我的大学时光虽谈不上艳惊四座，却也如此地生动而富有色彩。

不论是那些青涩的不成熟字眼，还是那些没心没肺的嬉笑怒骂，抑或是映射着我心情的大段文字，所有我在论坛里面留下的话语都记录着这一路来我的成长。即将大四毕业离开校园，我也将在论坛里面用文字向学弟学妹们分享我充满收获和遗憾的大学过往。我不会用大道理来故弄玄虚，我只会告诉他们大学除了现实中的生活之外，还有另外一片纯净的网络天地，那里是一片净土，是所有迷茫过的人一个触手可及而又温情绵绵的精神花园。

我的民主湖，永远是一个温情的结，它在悄无声息间被我系上，永远不愿解开。它浸润着那些在大学肆意弥漫的每一份青春，并让它们都散发着永远动人的光芒。

（MZH-ID：我爱烧锅炉

此文刊发于2013年6月20日《中国教育报》重庆大学专版）

大话 MZH

民主湖（MZH）简介

民主湖论坛诞生于 2002 年 10 月 9 日，前身是重庆大学数字图书交流区，2003 年 9 月 10 日正式更名为民主湖论坛。经过多年发展，现已成为集论坛、博客、资源下载、商城等众多功能于一体的综合交流网站，在广大师生中拥有重要影响力。

民主湖论坛缩写为“MZH-BBS”，论坛用户称为“鱼儿”，“MZH”是鱼儿们对民主湖论坛的爱称，这三个简单的字母在鱼儿间代代相传。

论坛始终秉承论坛宗旨“文化的、学术的、思想的、我们的”，努力提升民主湖论坛的文化、学术氛围，为广大师生提供优质的论坛服务。紧扣民主湖论坛宗旨，论坛开设学术民主湖、理工科学、文献检索与互助、嵌入式技术等学术学科性质的版块，旨在打造和提升民主湖论坛的学术气氛。

MZH Logo

漫谈民主湖

MZH-ID：goodman

从民主湖路过，放眼那碧波潋滟，绿柳环绕的秀美画面，不免使我回想起民主湖的历历往事。

民主湖的前身是一片稻田芦苇地，民主湖的形成始于解放后的第一个春天，源于重庆大学学生自治会的一个倡议，源于时任学生自治会工程股长的余卓群（现已在学校退休）的一纸设计。

五十八载，民主湖历经沧桑。由于百年不遇的干旱，湖体开裂，湖心亭在修缮时垮塌，我们按照照片，恢复了湖心亭的原貌，并依靠现代科技，堵住了泄漏，恢复了她的勃勃生机。可以说，今日的民主湖，已然成为师生喜爱的读书、休闲后花园。

在此，我最想说的是，民主湖不仅是一池湖水一湾美景，她已是一种思想一种象征。今天的重大人，不仅深深地领悟到了这一点，更在网络世界中，用心塑造了一个象征“自由、民主”的民主湖论坛，我衷心希望大家能在这湖中欢快畅游，吐出真知灼见，让“民主湖”真正成为我们永远的精神家园。

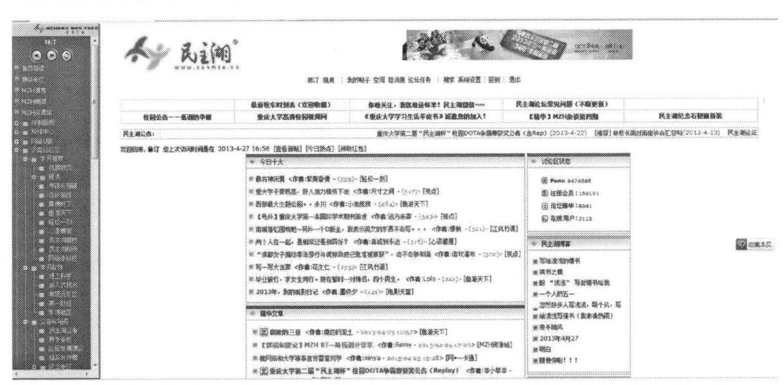

民主湖论坛首页

重大人的MZH情节

MZH-ID：xinya

其实，每个重大人都会有民主湖情节。

论坛，是一种叫作“聊天室”的东西永远无法超越的，因为它可以清晰地记录下众人的思路，多年以后，我们还可以像翻老照片一样，找到自己年轻时候的思维。它可以成为大学学术交流的形式，不必正襟危坐。它可以开阔眼界，我已经越来越觉得这应该也是素质教育的一部分。美，与生俱来，就看你能不能发现。叫民主湖，真的希望她能够成为在虚拟的网络上的一片清澈的、景色别致的湖光山水，能够净化我们的心灵，能够自信、厚重地推动重庆大学的发展。

MZH，一段美丽的邂逅

MZH-ID：林汀

也许永远不会相识，也许立刻就熟知，网络为我们打开了一扇与众不同的窗，让我们可以从这里结识不同专业、不同领域、不同年级、不同地方、不同层次的朋友，不管对方是师长，还是和自己一样。

这里是匿名，只需要进入之前做个轻松的实名登记。论坛交流都使用注册的账号，我们叫它“ID”。MZH 诞生于 2002 年，迄今实名用户逾 12 万，精华帖近 6000。有泥鳅、草鱼、鲫鱼、金鱼、龙鱼、龙、斑鱼、鲶鱼、娃娃鱼（大鲵）等各类鱼儿（代表发帖经验和积分等级），有校长、书记、院士、教授、博士硕士本科生自考生，还有校友。总之，这里是个万花筒一般的世界，你可以在其中发现无数意料之外的惊喜。

你会在这里学习到专业知识，你会在这里得到讲座信息，你会在这里看到就业报告，你会在这里见识到无数强人狂人超人。

你可以在这里针砭时政，你可以在这里反映对学校的不满和建议，你可以在这里下载海量的论文书籍资源，你可以在这里参加无数的活动聚会。

你可以在这里讲音乐论电影说人文辩思想，你可以在这里找人拼饭逛街，你可以在这里感受到各种与亲情友情爱情相关的心情感想慨叹，你可以在这里认识无数的朋友，还可以征婚，也许你还会在这里收获人生中的另一半。

也许某一天，你会知道某个来自“传说中”的ID在现实中的主人，当你静静地漫步于学校的林荫小道时，身边擦身而过的人会回头对你浅浅一笑，然后轻轻地问候一声：哦，原来那就是你？

这就是最美丽的邂逅。

曾经风靡全校的民主湖资源站，在网速不给力的时光是无数重大人的资源中心。2015年前后逐渐闭站

离别的夏季，点滴在心头

MZH-ID：不再联想

如果说MZH是一个大杂院的话，我想体育版就是我最爱流连的角落，什么时候有空，肯定要写一篇帖子，关于体育版的点点滴滴……突然想起，好像现任体育斑竹（版主）中有人要退了，其实挺舍不得他们，他们干得很不错，希望我的这个所谓的“体育乱谈”能被他们看到，算是送给他们的，他们会就此割舍吗？

也许许多鱼儿都已经习惯了MZH，每天打开电脑总是不自觉地打开这个论坛，每个人都有自己特别感兴趣的话题，于是，有着这样一种爱好的人便来到了体育版，谈自己喜欢的话题，参加自己喜爱的活动，结识志趣相投的朋友……或许，在不经意间，您已经给其他人留下了深刻的印象呢；又或许，曾经和你争得不可开交的人，有时候对你还会惦记呢；再或许，通过MZH这个渠道，您已经结识了三五好友，他们中会有人毕业离开重大，将会少来MZH，你会不会有些感慨呢？

当然，我们来MZH，相信没有哪个人会只看一个版块，而且我也不提倡如此的狭隘与偏执，广闻天下事，广交四方友。我只是在想，当你参加工作后的某一天有闲暇的时候，鼠标会否朝着“激情体育”四个字移过去？

如果您真的是曾经习惯过 MZH 的鱼儿的话，会否在毕业之前，将所有不曾去过的版块都进去一次呢？

2008 年江风竹语版块对毕业季征文结集成电子杂志《毕业生文集》，下载量超过千次

两年相伴，三年时光

MZH-ID：晨风朝霞

2010 年 3 月 23 日，是我注册民主湖论坛两周年纪念日。寥寥文字，短短文章，两年的论坛生涯，三年的大学生活融入其中，随时间流逝一晃而过，只是在论坛的各个角落留下我青春的印痕。

就像什么获奖感言总要感谢一些人一样，在论坛的两年里，结识了很多朋友，包括以前熟悉的和以前不认识的。先要感谢一下小 V，算是我论坛里的一个小小导游吧，让我对民主湖有了更多的了解和认识；还要感谢梦梦，现实中是好朋友，论坛里也时常给予我支持与鼓励；静秋就不用说了，总是那么持久地关注着我的“湖里动态”；还有博管，虽然不认识，但感谢他推荐了我好几篇博客日志，让我都有些不好意思了；当然，我最佩服的是小贝，他处处都能深思，处处都敢讲话，他出现的地方基本都论辩四起，“硝烟弥漫”，令我叹服。还有关注和支持我的各位鱼儿朋友，想想算是在“湖”里两岁的生日，就由衷地表达一下我的感谢吧。

如水岁月，如水时光。大学里的各色情味，生活中的悲欢苦乐，都在言语与文字间成为过去，成为回忆。那些帖子里的打打闹闹、争争吵吵、说说笑笑，吸引着我，让我驻足停留，记录了青春的点点滴滴。“为什么眼中流着泪水，因为我爱这片土地爱得深沉。”我爱民主湖，就像我爱重大的每一棵树每一朵花一样，它们是我的精神家园，它们是我的心灵寄托，它们是我永远的真情回味。

2010 年“不见不散”毕业生歌会现场。歌会在逸夫楼外小广场举行，成为 MZH 鱼儿每年一度的节日

做一条好鱼儿

MZH-ID：胜寒 qgh

最初我不知民主湖论坛为何物，亦不知有何用，但就在这样的情况下我与民主湖结下了不解之缘。我虽已注册两年，但真正开始使用民主湖账号却是在半年前，也就是在这半年里，登录民主湖论坛渐渐成了我

继登录 QQ 后的又一习惯。

大二下期开学，我真正进入民主湖论坛，还为此写了一篇日志。“吾本民主湖一条鱼苗，经别人施舍虾米（论坛积分）而迅速长成一条鲤鱼。然这几年来却不怎么来湖里游玩，也未曾汲取湖里的养料，故不再长大。忽一天醒悟，想起自己还是民主湖的一条鱼儿，湖中鱼却都未见过我的身影，实乃憾事。因此思考，我决心要做一条尽职的鱼儿。多年以后我会欣慰地对自己说：湖中留有我的痕迹，因为我曾在那里游过！”

有一次我打开顶在最上面的一个帖子，看到有一条鱼在里面自言自语，我很是不解，就试着与他聊天，才知道他很需要虾米，但他决定过了今晚就不再登录民主湖论坛了，所以以灌水的方式获取。之后我对他说我要发一篇短篇小说，叫他第二天去帮我顶帖。没想到的是，第二天他果真去顶帖了，第一感觉就是这人真乐于助人。从那次以后，我开始认识到水区。我不怎么喜欢以复制粘贴的方式“灌水”，而是喜欢随便说说。看到他们发的一些句子，我总喜欢在后面接一两句，算是表达自己的看法。最高兴的一次“灌水”是和慕水姐姐他们在水区里背写古诗词，一人接一句，很有趣。也正因为那次灌水，我认识了很多一起“灌水”的鱼儿。在对话中，我能感受到在生活中他们都是很好的人。或许有人会说，网络是虚幻的，有些人在电脑前与生活中不一样。不过，我却相信他们每一个人都是善良友好的人。

水区很水，甚至有人打出“到民主湖去看海”的口号。正是因为水多，鱼儿们才游得自在。不由得想起了鱼与水的那段对话，鱼对水说：你看不见我的眼泪，因为我在水中。水对鱼说：我能感觉到你的眼泪，因为你在我心中。我们和民主湖的关系正是鱼与水之间的关系。

在与好多鱼儿聊天的过程中，我们像是无所不谈的朋友。无论是悲伤还是幸福的事情，我都会去回复，正如入学时辅导员说的，“人需要被别人需要，这样的人生才有价值。”有时候简单的一两句话或许会让幸福的人更添一丝喜悦，让烦忧的人得到一些安慰，让犹豫不决的人更有信心做选择。所以，我希望鱼儿们都不要吝啬自己的一句话，你的一句鼓励、一句安慰、一句祝福，或许会给别人的人生带来好的改变。

九年的时光，很长很长

民主湖的水，换了又换

湖里的鱼儿，有老有新

民主湖见证了重大学子的点点滴滴，重大学子塑造了民主湖的文化。

你若问我：“为何上 MZH？”

我会答：“做一条好鱼儿！”

2012 年 10 月，民主湖论坛十周年留念

我经历的 12 年 MZH

MZH-ID：一条老鱼

在写这个帖子的时候，我复习了初入民主湖时的那份热情和激动，不是单纯限定在某个帖子和某类帖子，而是把与搜索词有关的所有帖子全部看完，这个信息量很大很大，需要消化，这是一个挑战。而今晚这

个挑战成了一丝酸楚。

民主湖12年的发展，分为几个阶段。

2002—2003年，初创阶段，这是民主湖的婴儿时期，那时民主湖还叫“数字图书馆读者交流区”，简称“数图交流区”。

2003年末—2005年，鼎盛时期。这是民主湖最辉煌的时期，空前，也基本可以绝后了。这一时期，BBS论坛作为一个初生的网络交流方式爆红，甚至超过如今微博的规模，因为十年前的互联网自媒体才刚起步，网民发声的渠道不多，博客和BBS是当时最流行的平民发声方式。高校BBS作为BBS中一个特殊的群体，凭其拥有高学历的用户群和高素质的发帖水平脱颖而出，那时候网络上流行的很多段子都是源自水木清华、饮水思源、兵马俑、一塌糊涂、小天鹅等校园BBS。民主湖在这个大浪潮中亦步亦趋，最高在线量可以达到一万多。

那时候的BBS大牌云集，上至李校长肖书记，下至每一个学生，无数人为民主湖奉献着如火的热情，民主湖面对面成为上情下达的绝佳途径。民主湖的风头如日中天。

2005—2011年，平缓时期，随着新生前往虎溪校区，民主湖的新生代力量开始往虎溪校区转移，但主力军仍在老校区。

2002级前后三届的鱼儿都见证过民主湖最辉煌的时期，他们成为这一阶段民主湖的中坚力量。这一阶段里很多时候发帖的精彩程度甚至超过了2003—2005年这一个阶段。但是，自媒体的冲击已经逐渐显现。这几届学生慢慢都毕业了，新入学的学生没经历过全民民主湖的时代，并且新生去了虎溪校区，民主湖的发展难以为继。

2012年，“怪异”的辉煌。这一年不用说，现在很多鱼儿依然对那段时间津津乐道，因为林校长，民主湖重现了辉煌时期的风貌，虽然在线人数只有3000多，但这个3000多人的数据依然是2007年过后难得出现的精彩。

2013 年过后，于外界，自媒体时代里传统媒体全线崩溃，高校 BBS 集体崩溃，就算是“水木清华”也黯然失色，江湖老大的地位再无可能占据。身处如此时代的民主湖，江河日下。于内在，最大的问题就是青黄不接吧。

是的，BBS 后面的日子，大家需要更努力了。

（王彦力整理自民主湖论坛）

"羊皮书"诞生记

2005年的民主湖论坛如日中天，虚拟网络空间里汇集了大批优秀师生在此大放异彩，同年10月，虎溪校区即将迎来第一批学子。彼时号称"荒山野岭"的新校区里的新学子如何了解老校区、如何与师兄师姐交流、如何加入民主湖论坛，成为"鱼儿们"讨论的热门话题。

作为"大鱼"的肖铁岩副书记第一时间感知到了这些热点话题，提出能否以民主湖论坛里的内容为主来打造一本刊物，专门针对新生发放。这一想法得到了广泛支持，网友xinya与肖书记一拍即合。一方面肖书记与杨丹副校长积极沟通，获取到虎溪校区管委会和研究生院的经费支持；另一方面"大鱼"得到了图书馆彭晓东馆长支持后，迅速集结民主湖论坛内知名"鱼儿""joylee""江小鱼"等组建编辑小组。《重庆大学学习生活羊皮书》开始从蓝图走向现实。

2005年10月，每一位新生入学时都拿到了这本《重庆大学学习生活羊皮书》，自此开始了新生入学拿羊皮书的传统

2005年，羊皮书正式诞生，并迅速成为校内知名度极高的品牌——《重庆大学学习生活羊皮书》。羊皮书开始成为重大的一个重要传统，更成为了所有"民主湖鱼儿"的珍藏品。

《重庆大学学习生活羊皮书》简称《羊皮书》，主要面向全体新生，兼有对外交流的功能。

内容涉及重大校史、民主湖论坛、老校区、虎溪校区、图书馆、吃喝玩乐等与学习、生活息息相关的多个方面。书整体为B5纸张大小，印刷精细，排版紧凑，封面使用牛皮纸，内页以黑白印刷为主。

关于得名《羊皮书》，xinya老师的解释是，羊皮书代表着“珍贵”。“羊皮书”一词来自古欧洲，因为那时候缺乏纸张，人们就将最精华的文字记录在羊皮卷上，所以“羊皮书”慢慢成了“宝典”的代名词。《重庆大学学习生活羊皮书》选取了民主湖论坛中最精华的学习生活指南，对于新同学有非常重要的作用，因此取名“羊皮书”。

2005年《重庆大学学习生活羊皮书》面世，全书共116页，分六个章节：重大注意力“感受重大”、重大文化场“民主湖推荐阅读”、重大生活流“家在重大”、重大新天地“虎溪月历”、知识海洋“我的图书馆”、特别策划“玩转大学”。此后，羊皮书基本保持该架构，直到2012年才做了全面调整。

《重庆大学学习生活羊皮书》2005版编辑委员会
顾问：祝家麟　李晓红
名誉主编：舒立春　张宗益
主编：肖铁岩　杨丹　彭晓东
编委：（按照姓氏笔画为序）
王　康　王思成　田　明
白晨光　邓晓益　任　明
刘东燕　钟树生　李　华
张广元　卓光俊　杨清明
杨成云　周首光　孟卫东
谢　蓉　蔡珍红
策划：杨新涯
责任编辑：李佳　尧鹏

2005羊皮书编委会成员名单

《羊皮书》的正文首页，有时任党委书记祝家麟教授和时任校长李晓红教授为2005级学生做专门致辞，给“重庆大学新世纪的开拓者”们最真诚的鼓舞。

“感受重大”是以校园文化、校史、重大大事记为主，全方位介绍重大的前世今生。“民主湖推荐阅读”选取了民主湖鱼儿的帖子，第一篇就是时任校长李晓红教授的文章，署名“goodman”，第三篇署名“绝对可靠”，由肖铁岩副书记亲自“操刀”。“家在重大”介绍了老校区的生活、学习概况，告诉同学们哪里的自习室综合条件最佳，哪里的小吃最好吃，还有银行、邮局、心理咨询等小细节。“我的图书馆”全方位介绍了图书馆的情况，着重介绍了数字图书馆的使用，算是一脉相承。如果你擅长逛街，爱吃，那么请认真阅读“玩转大学”，教你吃喝玩乐。

“虎溪月历”这一章节在 2005 年意义重大，仅 9 页的篇幅中，详细介绍了虎溪校区的前世今生。对于面对一片荒芜而百感交集的 2005 级学生，这本书的存在无异于及时雨，让他们了解了虎溪的故事，更重要的是感受到了虎溪与老校区的血脉相连。

后来的若干“羊皮书”

（王彦力供稿）

回望过往　温暖如歌
——写于图管会成立 20 周年

岁月是一杆标尺，以刻度丈量成长。

20 年前，没有人能够预见，由一群年轻的孩子组成的社团将来会成长为怎样的模样。更没有人能够想象，在一个大学图书馆的平台中，这个社团经受砥砺过后的众所瞩目。

重庆大学图书馆图书管理委员会，有时光积淀的传承，亦有新旧更替的锐气，更有图腾信仰般的坚守……它所承载的，早已不单单是一个普通的社团，也不再仅仅是一个勤工助学组织，它已经成长为重庆大学校园中的一个品牌，一种标志，一道风景。

从它诞生的那天起，就已被赋予了更多的含义。它是一个勤工助学组织，为无数学子历练身心提供了平台；它是一个爱心组织，开展了许许多多彰显社会责任的公益活动；它更是一个温馨的家，一个读书的沙龙，一种天天向上精神的凝聚与承袭。

图管会二十周年合影

20 年来，图管会形成了自己独特的社团文化，历届图管人都来自不同的学院和专业，而它用一颗包容的心，让不同兴趣爱好、不同性格的人和谐相处、亲如一家；它用秩序、活力、文化铸成图管大熔炉，让图管人历练身心、展现才华，在困难中寻找自我，在磨砺中坚定自我。每一个图管人，在重大校园数年，都如同蒲公英的飞翔，尽显绚烂与静美。

20 年后，许多图管人带上他们早已丰满的羽翼飞向不同的工作岗位，有的成为企业家、金融家、工程师、公务员、律师、教师、艺术家，几乎涵盖了社会中的所有行业。然而不管他们是在天南海北，还是在异域他乡；无论飞向何方，无论扎根何地，每个人都带着“图管会”的印记成长。只要提起图管会，哪怕是素不相识的委员，心中都会涌起一股暖流。有很多人在问，图管会究竟有什么魅力，能如此之恒久？我觉得那就是“图管精神”，家的温暖，爱的力量，文化特质。在重庆大学的校园里，你若能成为图管人，不但自己会引以为荣，还会被众多学子所羡慕，可见 20 年后的图管会，已具有何等的魅力和向心力！

20 年，如果是一棵幼苗，已长成参天大树；20 年，如果是一个婴儿，已成长为热血青年。20 年，对于人生来说，俨然四分之一光景。20 年过去了，抚摸着图管会的点点滴滴，可以说图管会是爱心的发现者，是爱心的奉献者，也是爱心的传播者，一个有家有爱有文化的地方，我们有理由相信它的明天会更灿烂！

回望过往，温暖如歌。

（原文作者：丁小松）

图管会的六张名片

与图管会之缘，起于“今日我值班”活动。

当时在校园内看到关于“今日我值班”的宣传海报，我没有产生什么想法，因为对图管会并无多少认识，只知道学校里似乎存在着这么一个团体。后来上民主湖论坛时我又偶然在精华帖一栏里发现这一活动的宣传，心里就开始犹豫到底要不要参加。正做着思想斗争时，我猛然发现：今天居然就是报名截止日期！如果网上报名的话，还必须在 14 点以前，而现在已经快 13 点了！为了不让自己有遗憾，我匆匆下载了报名表，填好之后便发了过去。后来我才知道，我是最后一个报名的，他们差点就忽略掉了邮箱里的最后一个我！

庆幸自己的这个决定，让我与图书馆有了零距离的接触，也让我认识了图管会里一些可爱的老师和同学。短短的三次值班（自科、社科、书库）只是让我对这个团体有了初步的认识，却对她产生了深刻的印象。个人大致总结后，现整理出图管会六大名片，以供参考。

名片一：家

第一次到自科值班，我就发现办公桌上的玻璃下压着许多张照片。那些是每届图管会委员们的合照。照理说，这并没有什么稀奇。但每张照片上的三个字却触动了我的内心——“全家福”！多么宝贵的三个字！它向你阐释着：我们不是一个普通的集体，而是一个温暖的大家庭！照片上每个人的脸上都洋溢着灿烂的真诚的笑容。我想，那是他们对图管会的爱！

提到家，那么妈妈便是家中永恒的主题。在图管会这个大家庭中，丁老师便是大家的“妈妈”。我从图管会的网页上委员们写的文章中不

图管会 1995 届学生团队合影

止一次地看到了他们将丁老师称为“丁妈妈”。她和蔼慈祥，对工作认真负责，对待学生就如同对待自己的孩子一样；她有年轻人的心态，却又不失长者的威严；她能够与学生打成一片，在学生需要开导、帮助的时候伸出她慈母般的双手；她在学生中树立有极高的威信，对学生的错误她从不包庇，当罚则罚；她称呼图管会里的学生们为“小孩儿”，让人觉得无比亲切，从心底涌出一股暖流。15 年的图管会工作中，每一届委员都将她视为亲人，在我眼中这是一项了不起的成就。与其称呼她为老师，不如称呼她为妈妈、挚友！

还有几个细节让我感到图管会家庭的温馨。委员们每人都配发有一个值班时用的杯子，值得一提的是每个杯子上都贴有委员的名字，它们整齐地排列在柜子里，如同一身闪亮的白衣，也如同委员们一张张幸福的笑脸。社科的办公桌上有一瓶花露水，让我感到甚是惊讶。我想一定是哪位同学夏天的时候带来的，防止蚊虫叮咬。真是细心！

名片二：幽默

那一天晚上在自科值班，突然进来一位帅气的男生。我见他没拿“一卡通”，以为他是第一次来不知道程序，便轻声提醒他：“同学，一卡通。”他愣了一下，便从钱包里取出卡来递给我，还非常有礼貌地说了一句“谢谢”。他进去后我没在意他在里面干了什么，仍旧在那儿看民主湖和图管会网页上的文章。只记得他进去没多久就出来了，取走“一卡通”时仍礼貌地说了“谢谢”二字。当时我心里感慨着，以后也要多注意一些细节，简单“谢谢”二字的作用不可小觑。

谁知没过多久，那男生就回来了，一副着急的样子。他说：“同学，我的书刚刚放在里面忘拿走了，我能不能进去拿啊。”见我有些怀疑，他指了指桌子那边：“你看，就在那边。我真的忘拿了。”我朝他指的方向看了看，似乎又没看见什么书。说实话，我当时还真不知道该怎么办。应该就这样让他进去拿吗？这样符合规定吗？正在犹豫时，却发现旁边的委员捂着嘴一直笑。我还是没反应过来，就问她：“你在笑什么啊？”那位委员笑着示意他进去了，他进去之后并没有拿书，而是在弄其他东西，一副主人的样子。我似乎有点明白了。这时旁边的一位同学说“他好像是图管会里面的”。我恍然大悟：我被耍了！他装得还真像！那位委员笑着告诉我：“他这人平时特别幽默。”

“今日我值班”活动结束合影的时候，有些人喊“茄子”，有一位委员却突然冒出一句“西瓜”，惹来哄堂大笑。丁老师补充道：“这些小孩每天都开心得很，整天都听得到他们的笑声。”

在民主湖上看到“2008 梦圆图管”元旦晚会的记录，虽然没有机会到现场观看，却仍然感受到了大家的欢乐。从大家的反馈来看，那是一场别出心裁的晚会，很有创意，也特别搞笑。我从上面看到了一些熟悉的面孔，也了解了几个绰号：楚花花，妇女之友，马导，焦导等。看来图管会的人都很有幽默细胞。

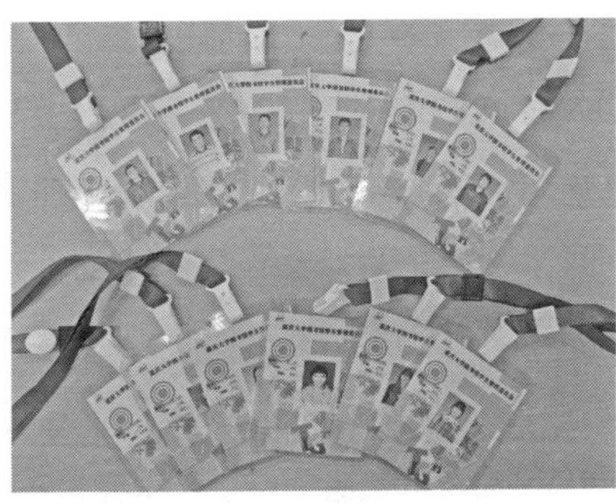

图管会成员们的“合影”

名片三：勤劳

图管会的委员们工作都很认真负责，这点毋庸置疑，我也不想多说。我这里想强调的是书库的工作。我到书库去整理过一次图书，便深刻地体会到工作的艰辛。书库每层楼都只有一位老师在工作，他们的工作量是相当巨大的。每天他们都得把同学们还的书归还到原处，以便大家前来借阅。我在三楼和四楼整理过图书。三楼的任务相对来说要轻松一点，因为书的位置没精确到点。而四楼就不一样了，那里的每一本书都有一个非常精确的位置。工作人员必须把书放回那一点上，不然借书的人不好找寻。短短两个多小时下来，我已累得筋疲力尽，肚子直唱“空城计”。我们尚且如此，那整日工作在里面的老师会是怎样一种状态呢？但是他们仍旧无怨无悔地工作着。

把同学们归还的书归位还只是其中的一项工作。比较麻烦的是要把有些乱放的书抽出来放回原处。因为有部分同学图方便，拿了书之后随便放在一个地方就了事了，殊不知我们的老师要费多大的精力把书找出来然后将其归位啊。更有甚者为了自己借阅方便，把三楼的书拿到四楼某一地方。所以老师经常可以从本楼层中搜出其他楼层的书，心中甚感无奈。

借此机会请同学们体谅并尊重工作人员的劳动成果。自己多付出一点，别人就会轻松很多。也建议同学们有机会的话可以到书库去体验一下生活。

名片四：纪律

图管会是一个温馨的大家庭，但温馨并不代表散漫。这个团体有着非常严格的纪律制度。他们不允许迟到、早退、旷班。旷班两次就会被开除，任何人求情都没有用。这个规矩不是吓唬人的，确实有这样的例子出现过，结果那位同学很遗憾地离开了图管会。我想正是因为有严格的纪律制度的约束，图管会才能成长为一个如此优秀的团体，倍受同学们喜爱与推崇。

2019届图管会学生团队合影

名片五：智慧

图管会的“小孩儿们”（借用丁老师的语气）个个都非常优秀。丁老师非常自豪地说，图管会的小孩儿们每年保送研究生的比例是相当高的，二十个人中都会有十多个被保送，有些还是保送清华等全国顶尖高校。从短短的几次接触中，我也深刻地感受到，他们确实是一群充满智慧的同学，做事井井有条，知识面广，为人处世也相当不错。

名片六：梦

如果说图管会里的学生们是一群追梦人，那么图书馆便是载着这些沉甸甸的梦的摇篮。听说他们中很多都是贫困生，但他们自强自立，用自己的双手打拼着属于自己的天地，用踏实的脚步朝着梦想前进。他们利用图书馆的资源尽情在书海里遨游，贪婪地吮吸着知识的甘露；他们亲如兄妹，互相推荐、借阅好书，一起探讨，共同进步；他们关心彼此，帮助彼此解决生活和学习上的困难。这一群群可爱的追梦人用自己真诚的心书写着理想与快乐。

图管会给了他们一个锻炼的空间，他们在这里得到了极大的提升，为今后的就业道路做好了铺垫。

“今日我值班”给了我一个与图书馆亲密接触的机会，让我体验了图书管理员的工作，了解了图管人的生活状态，品尝了“我的大学我做主”的滋味。更重要的是认识了图管会里一群可爱的人和这个优秀的团体。在这里，谨祝图管会这个大家庭越来越温馨，保持旧名片，发展新形象！

（由民主湖论坛用户“雨茶”供稿）

重庆大学毕业生致青春　图书馆封存情书奖状

A06 教育

2013年5月22日 星期三 重庆晚报

谁说无处安放我们的青春

重庆大学推出新服务：一份情书、一张奖状、一个学生证……毕业了都可以存进图书馆

"封存你的青春记忆，定格你的青春年华，将记忆小心珍藏；多年后，当我们回首这段时光，沉淀的将不止是记忆，而是感动……"

青春是用来怀念的——又到一年毕业季，重庆大学图书馆前日在其官网发布消息：凡是重大应届毕业生都可以在A区图书馆旧馆二楼办公室或虎溪图书馆十楼办公室领取档案袋、封条一份；毕业生们可以珍藏手稿（信件、日记、读书笔记）、图稿原件、照片、试卷、奖状、证书、聘书、学生证等物品，封存进图书馆——当然，与之一同封存的，还有关于大学、关于青春、关于爱的记忆……

据重大图书馆介绍，封存年限有即时公开、5年、10年三种选择。封存期内，学生本人可随时回校查阅。不过，过了封存期，这笔记忆就是重大图书馆的馆藏物，校内外的人都能来查阅了，封存人不能反悔拿走。

昨天一早，同学纷纷赶来，将自己梳理的青春记忆，带进图书馆，小心翼翼装进档案袋，贴上了封条。

重庆晚报记者　周小平　实习生　张蕾　首席记者　冉文　摄影报道

2013 年 5 月 22 日《重庆晚报》A06 版全文报道“重大记忆”

“封存你的青春记忆，定格你的青春年华，将记忆小心珍藏；多年后，当我们回首这段时光，沉淀的将不止是记忆，还有感动……”

青春是用来怀念的——又到一年毕业季，重庆大学图书馆前日在其官网发布消息：凡是重大应届毕业生都可以在 A 区图书馆旧馆二楼办公室或虎溪图书馆十楼办公室领取档案袋、封条一份；毕业生们可以将珍藏手稿（信件、日记、读书笔记）、图稿原件、照片、试卷、奖状、证书、聘书、学生证等物品，封存进图书馆——当然，与之一同封存的，还有关于大学、关于青春、关于爱的记忆……

重大记忆存储的文件盒

据重大图书馆介绍，封存年限有即时公开、5 年、10 年三种选择。封

存期内，学生本人可随时回校查阅。不过，过了封存期，这笔记忆就是重大图书馆的馆藏物，校内外的人都能来查阅了，封存人不能反悔拿走。

昨天一早，同学纷纷赶来，将自己梳理的青春记忆带进图书馆，小心翼翼地装进档案袋，贴上了封条。

电影票存根

6 年的初恋，携手看过数百部影片

分手那天，她坐了 26 小时火车来重庆，陪他看了最后一场电影

封存人：张均（化名），电气学院博士生

封存期限：10 年

他们的爱，因电影而炽烈燃烧，也因电影而画上句号。

6 年相恋时光，他们携手看过的影片有数百部；影票的存根，他们各自保留下一半。当爱不得不终止时，他们决定，一起看最后一场电影。

于是，她坐了 26 小时的列车，专程从南京赶回重庆，陪他一起看最后一场电影；从入场到落幕，两人没有拥抱，却双双泪流满面。这部告别电影，是 3D《泰坦尼克号》……

夏天，张均即将博士毕业——这个甘肃大男孩的本科、硕士以及博士生涯，一直都在重大度过。

陪他一起度过的，还有一个叫晓的江南女孩，当然还有两人一起哭着、笑着携手看过的数百部影片和这一沓祭奠青春的电影票存根。

张均说，晓是他的初恋，也是重大的学生；两人相识于大一的下期，此后 6 年时光，他们一起学习、一起旅行，一起看了数百场电影。哪怕读研时，两人被迫分开，但每年那 2~3 次的见面，他们依然会一起看电影。

“电影，是我们的默契，也是我们爱的催化剂和见证。”张均说，他还让晓和他一起把所有电影票存根留下来，一人保存一半。“其实，我没告诉她，我把所有电影票珍藏下来，就是梦想着：如果以后能和她在一起，那会在结婚典礼的时候拿出来，当作礼物送给她；如果分开了，这就当作是自己最好的回忆吧。”

但爱，终究没有敌过时间和空间。张均说，一人在重庆、一人在南京，分开读研后，两人距离越来越远，身边圈子也越来越陌生。终于在研二下期时，他们选择了分手。此后，关于她的消息，他只能从朋友口中偶尔得知只言片语。

研究生毕业，我们相约见最后一次面，一起看最后一场电影。

张均同学存下的电影票存根

没有拒绝，她专门从南京坐了 26 个小时的火车来到重庆——我们都非常想看 3D《泰坦尼克号》，可是在重庆主城的大多数电影院里这部影片已经下线，寻找了好久，终于在重庆人民大礼堂附近的保利万和电影院“圆梦”。

那天，似乎是天意，只在小剧场放映了这部影片，而观众，只有张均和晓两个人。“我不知道是想看电影，还是想看她。不经意间，我看到了她的眼泪，她没有擦掉，就这样让它肆意地流下来，而我同样早已泪流满面。”张均说，或许只有这样，才能完全释放自己的情绪，才能彻底和曾经的爱告别——但自始至终，没有一个拥抱。

张均说，看完电影，他就送晓登上了返回南京的火车，这趟重庆之行只有一天的时间。“送她去检票口的时候，我心里五味杂陈，一直看着她的背影完全消失在视野中，才肯离开。”张均说，后来从一个朋友那里得知，她已为人妻；但自己珍藏的数百张电影票票根还完好无损地保存着。“有些东西，带走不如留下。”张均说，如今，他将影票存根装进档案袋，贴上封条，也是把青涩的爱留在重大，留在青春里。

考研资料

奶奶每周都打来电话，鼓励我考研。后来奶奶病了，说等考完研再请我吃饭。

回到家时我才知道，奶奶已经去世了

封存人：孙化（化名），通信学院研究生

封存期限：10 年

为了让孙化安心考研，家人向他隐瞒了奶奶去世的噩耗。如今，孙化即将研究生毕业，他把当初的考研复习资料统统封存，只为让当初鼓励他执着考研的奶奶能在天上看到：孙儿会有出息的！

孙化是第二个封存大学记忆的学生。他带来的记忆，是珍藏了 3 年的考研资料。

孙化是湖北人，在重庆待了 7 年，本科就读于重庆理工大学，3 年前考研来到重庆大学。

“保存考研资料，并不是我对自己的自豪，而是对奶奶的告慰！”孙化说，考研期间，凝结了他很多难以言说的心血、心酸和心痛。

孙化说，大三暑假时，他回湖北老家，把读研的想法告诉了奶奶。“奶奶很高兴，并且为了鼓励我，此后每周都会打来电话，问我学习累不累、吃得好不好。”孙化说，自己是爷爷奶奶带大的，自己小时候每次生病时，奶奶都会说一句话："让所有的病都生在我身上，我都是老骨头了，乖乖应该是生龙活虎的呀。"

孙化说，奶奶的话总是回响在耳畔，回忆起时，鼻子总是酸酸的。但在此后，奶奶的电话少了；直到有次我打去电话反复追问，父亲才告诉实情：老人住院了。

"但父亲安慰我，奶奶还在治疗恢复；不用担心，好好复习。考研成功后奶奶还要请孙子吃饭……"孙化说，当初，他也没发现异常，只想抓住最后时间，好好复习考个好大学，亲手把录取通知书送到奶奶手中。

2010 年 1 月，考研结束，他自信满满地回家过年，才知道奶奶已在他考研前夕去世了！

"我'恨'爸爸妈妈，也'恨'狠心的奶奶——但我心底真正知道：他们的目的只有一个，都是为我好——如今，我即将研究生毕业，奶奶，你看到了吗？"

扑克牌

"纪念睡在上下铺的兄弟"

封存人：杜锋（化名），通信学院大四应届毕业生

封存期限：10 年

杜锋是湖北人。他封存的青春档案沉甸甸的，加起来一共 16 件：既有请假条，又有考研资料、个人简历，还有与宿舍兄弟一起玩的扑克牌、军训第一次拿枪打的子弹头、一张餐巾纸上的书法作品。

"扑克牌，是很多男生度过大学寝室生活的一方面，我们都不例外。从大二开始，我们寝室四个男生就开始玩纸牌，但绝不赌博！我们就赌'喝水'——谁输了就请其他人喝饮料。"

自唱 CD

“吼歌是对压力的宣泄”

封存人：霍然（化名），经管学院研究生

封存期限：10 年

霍然是一个地地道道的重庆女孩儿，本科在川外，研究生在重大。她封存的记忆，是一张自己唱的 CD。

本来，大家都以为这是一个爱唱歌的女孩儿为自己录制的精美歌碟，以便能在多年后欣赏自己曾经年少时候的美妙歌声。

谁知，霍然却说，那张歌碟是自己“吼出来的”——“大学总会遇到各种考试，考试压力大，唱歌成为一种宣泄排压的方式！”霍然告诉记者，当考试结束，总是大快人心，自己就是忍不住大吼一场。

于是，这张封存的 CD 便是霍然在三年前备考重大研究生时考完试后的各种“怒吼”——“压力大的时候，我喜欢唱歌，但不是认真地唱，是吼！专挑搞怪难唱的音乐，把自己弄得五音不全，宣泄完了，人会轻松很多。”

往届重大校友不要羡慕

你们的记忆也可藏于馆内

全国首推“致青春”封存记忆——重庆大学图书馆副馆长杨新涯坦言，自 2007 年以来，重庆图书馆有个重大文库，收集的是重大师生的出版物、论文等文字资料。现今收藏了 3000 多册。

“不过，那些都是结论性的东西，缺少过程性的记忆。”杨馆长坦言，此次毕业季推出的致青春，是将学生认为值得记忆的东西进行馆藏，长期保存。只要过了保密期限，就会对外查阅公布。图书馆管理员会对每个档案进行编排索引，并录入计算机，作为重庆大学图书馆的“固定资产”，存储于此。而这项活动并不是一次性的活动，会一直持续下去。

针对网上已经毕业的重大校友吐槽没赶上“好时候”，杨馆长表示，毕业的校友也不要担心，因为目前是毕业季，所以只针对应届毕业生开放。今后，已毕业校友也可将需要“存储的记忆”邮寄过来，或者委托老师朋友帮忙存档，和所有毕业生一样，享受同样的待遇。

（重庆晚报　周小平）

2013 年 5 月 22 日

绘本馆里的小读者

重庆大学虎溪校区坐落在重庆大学城内，这里风景优美，地势平坦，是重庆这座山城难得的平坦之地。整个大学城除了高校师生外，还有极大的范围容纳了普通居民。截至 2018 年，大学城除高校人口外的居民人数已经达到 10 余万人。

但是，这么庞大的人口群体，却因为规划上的缺失，在大学城找不到一座公共图书馆提供服务。重庆大学图书馆一直都面对所有读者开放，只需要读者在门口凭身份证登记或者微信扫码，就能进入图书馆看书。而针对有借书需要的读者，我们也开放了社会读者卡的办理，享有同在校师生一样的借阅权限。

渐渐地，我们发现，有一群特殊的读者，他们跟着父母或者其他的长辈来到图书馆，但是却在图书馆里找不到自己的位置——阅览室里因为吵闹会被其他读者指责；书架上琳琅满目的书籍却没有一本适合他们；父母长辈沉浸在书海的时光里还要考虑如何关照他们……他们，就是我们的小读者们！如果能给他们创造一个更合适的环境，是不是既能解决他们自身的需要，又能避免其他读者被打扰呢？

于是，我们有了创建绘本馆的想法。可以说，创建绘本馆来接纳我们的小读者，是我们的初衷！那么，绘本馆是怎样一步步建设起来的呢？

入藏标准

我们将目标人群定位在 3~10 岁，多以儿童绘本、儿童科普类书籍、儿童休闲类读物为主。早期入藏书籍统一由资源部采购，主要目的是及时充实馆藏。后期改用资源部采购 + 家有适龄儿童馆员推荐模式，以保证绘本馆馆藏的适用性和实用性。截至 2020 年 7 月 6 日，绘本馆馆藏共计 2327 册。

可爱的绘本馆

环境建设

儿童需要一个与自己年龄相适应的环境。这就要求，该环境中灯光明亮，没有明显的不合适障碍物，小朋友对黑暗总是有莫名的恐惧；所有的装饰色彩鲜艳，图案明快，小朋友的专注力是有限的，他们专注力的广度和稳定性远远不及成人，只有色彩对比明显且鲜艳的环境，才能吸引他们更多的注意力，从而对阅览室产生兴趣；所有的配备设施，比如阅览桌椅，与孩子的身体力气大小成正比，要足够轻，孩子可以搬得动；书架的高度应该适度，孩子可以轻松地拿、放物品。这些配置上的关注点，都是让小读者们对整个阅览室有参与感，给到他们一些积极丰富的外部刺激，使他们自发地做出更适应阅览室的行为（比如自己取书后归还，

桌椅凳子拉乱之后自己复原之类的）。

所以我们准备了手绘卡通墙面，采用暖白灯光，购买了适合儿童高度的桌椅，设置了温馨舒适的小憩区，也为陪读的家长准备了沙发。

人气爆棚的绘本馆

绘本馆活动

我们开展了多个针对父母的育儿讲座——“不合适的阅读不如不读”“如何给孩子”“打开孩子的心门”“如何说，孩子才会听”等。这些系列讲座拉近了图书馆与父母读者的距离，让他们在图书馆获取了他们急需的知识，也改变了他们心目中图书馆只提供纸本馆藏服务的刻板印象。

针对小读者，图书馆也开展了一系列活动——“故事姐姐（哥哥）讲故事”“和父母共读半小时”“我最喜欢的故事人物绘画比赛”等。这些活动动静结合，充分考虑了孩子的天性和特点，让他们在玩中学，学中又有乐趣，最终得到收获。这些活动增进了小读者们和家长的亲子关系，增加了他们的知识素养，拓宽了他们的眼界，更重要的是逐步建立他们对读书的喜爱感以及对阅读这件事情的参与感。

绘本馆不仅为儿童提供服务，也为父母们开展相关讲座，共同探讨儿童阅读在孩子成长中的重要作用

绘本馆是我馆特色馆藏之一，不仅丰富了我馆特色馆藏资源类别，更承担起了重要的社会责任，不光为学校教职工子女提供了空间和知识，更是惠及了大学城区域的幼儿及儿童，为他们读书习惯的养成点燃了一枚小小的火种，希望他们能在这个温馨友爱的环境里，爱上读书！

（虎溪馆供稿）

GUANYUAN

YU

DUZHE

馆员与读者

我与重庆大学图书馆的两位妈妈——李光矩口述

因为父母都是重庆大学的老师，我就是在重庆大学医学院出生的。由于这个缘故，我与重庆大学的不少老一辈老师较为熟悉。

那时的重庆大学图书馆在理学院与饶家院之间，距与工学院一路之隔的我的家不到两百米，但因为年龄尚小，我从未进去过。解放初新馆（后来的行政楼）落成后，直到 20 世纪 50 年代中期，我上初中前后，才第一次进入重大图书馆。

这时，各种运动开始接踵而至，还要到农村参加春种秋收，以及名目繁多的勤工俭学劳动，学生读书学习的时间越来越少。有统计记录显示，因老师或学生参加政治运动而停课的时间，加上参加劳动的时间，已经超过了上课学习的时间。

也许父母觉得，在这样的情况下，十来岁的男孩很容易被放“野”了，还是应该读点书，而家里的书我都看不懂。于是某一天，母亲带我到重大图书馆，找到在此工作的地质教授丁道衡的夫人黄曦光，拜托她关照我，给予在图书馆借书的方便。之后，我就开始用母亲的借书证，在重大图书馆借书看了。

由于院系调整，后来我的家随调动的父亲，搬到新成立的重庆土木建筑学院（后来的重庆建筑工程学院、重庆建筑大学、重庆大学 B 区）。新家的邻居，数学教授徐步墀的夫人许泽漪，则在建院的图书馆（该馆舍 90 年代拆建为房地产管理学院）工作。有此便利条件，我就自己直接用父亲的借书证，在建院图书馆借书了。

按当时的称呼习惯，我叫四十岁左右的黄曦光和许泽漪为丁妈妈和徐妈妈。

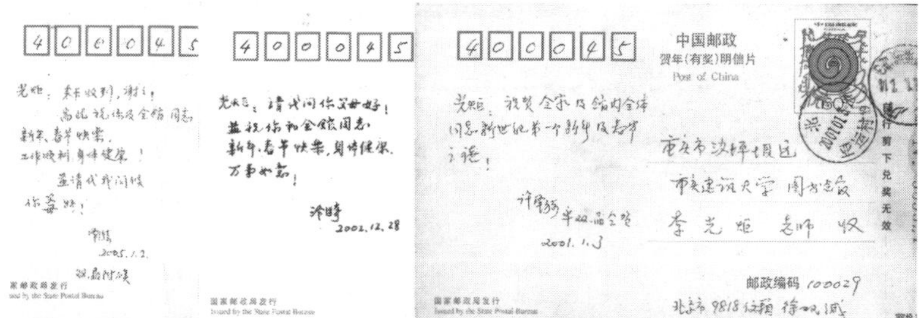
400045
光矩：卡片收到，谢谢！
高兴祝你及全馆同志
新年、春节快乐，
工作顺利，身体健康！
并请代我问候
你爸妈！
2005.1.2.
国家邮政局发行
Issued by the State Postal Bureau

400045
光矩：请代问你父母好！
并祝你和全馆同志
新年、春节快乐，身体健康，
万事如意！
2002.12.28
国家邮政局发行
Issued by the State Postal Bureau

400045
中国邮政
贺年(有奖)明信片
Post of China
光矩：祝贺全家及馆内全体
同志新世纪第一个新年及春节
之喜！
2001.1.3
重庆市沙坪坝区
重庆建筑大学 图书馆
李光矩 老师 收
邮政编码 100029
北京市 9818 信箱
国家邮政局发行
Issued by the State Postal Bureau

李光矩与两位妈妈的通信记录（相片由李光矩提供）

当年的图书馆都是闭架管理，要通过查询卡片来索书，而我不会查卡片，同时也不知道自己具体要借什么书。两位妈妈就对我实行开架，放我直接进书库，自己在书架上挑选。她们对我这样宽容特许，固然有我是她们的同事及朋友之子的因素，但必然也含有作为图书馆人，对愿意读书、喜欢看书的少年的职业性偏爱。

在大学的图书馆里，我感兴趣并可以看懂的，自然只有小说。古代的，现代的，中国的，外国的，凡此种种，我就像刘姥姥进了大观园，每次都有眼花缭乱、目不暇接的感觉。从此，不管看得懂看不懂，能理解还是不能理解，很多古今中外的小说都进了我的书单，我也逐渐培养起来爱读书的习惯。

斗转星移，世事沧桑，三十多年后，我到建院图书馆工作，竟成了徐妈妈的同事！又过了不到十年，院系调整近五十年后，重庆建筑大学与重庆大学合并，它又重新成为新的重庆大学的一部分，我竟然与丁妈妈也成了同事！

虽然已是耄耋之年的她们早已退休，我与她们并没有真正在一起工作，但我们都是重庆大学图书馆的工作人员，我们确实是货真价实的重庆大学图书馆同事。与徐妈妈由晚辈、邻居关系，到又多了一层同事关系后，逢年过节，我都会与长住北京女儿家的她互致问候。

现在到重庆大学图书馆，有时仿佛又回到了当年，嘴里似乎就要说出："丁妈妈、徐妈妈，我又来借书了。"

（李光矩供稿，孙锐组稿）

我的十年图书馆往事——李华口述

我在图书馆待了十年，跟同事们在一起就像兄弟姊妹，大家相处得很好。之前收到信息，让我谈谈关于图书馆资源建设的问题，确实挺有感触，那我就随便聊一聊吧，人老了就是喜欢怀旧。当年江馆长时期，图书馆经费是 50 多万元，我 1993 年当副馆长接手管财务的时候，图书馆经费是 60 多万元，后来才涨到 80 万元，2000 年合校以后我就没有做副馆长了。我在图书馆做过采访主任、副馆长、支部书记、支委还有工会主席，2001 年离开图书馆到了高教所，后面到图书馆的机会就比较少了。

资源部王彰红、王英、温俊在中国工程科技发展战略重庆研究院采访李华

图书馆资源建设，我觉得是一个很好的选题，资源对学校来讲，是一个重大的要素，图书馆作为学校的重要部分，是支撑学校发展的坚实基础，某种意义上可以说是学校发展的保障，特别是随着现代信息技术的发展，图书馆的作用比任何时候都强。20 世纪 90 年代初期，重庆大

学图书馆的经费只有 50 多万元，以采购中文书为主，外文书采购就很困难，主要是经费很困难，但是需求又很大。当时教育部建了一个外国教材中心，购书通道是很方便的，要买什么书都能买回来，就是受经费制约，所以在当时的情况下，怎么有效地配置资源对图书馆来说是一种考验。

其实我对资源的理解，应该是分为外部和内部还有环境这几个方面来考虑的。一个就是文献资源，文献资源的形式很多，过去图书馆就是借借还还，衡量一个图书馆的标准就是馆藏，衡量服务的标准就是拒绝率。我看了那些分析拒绝率的文章，都是就事论事地讲，缺乏数据支撑，于是我就用相关分析做了分析拒绝率的数据并发表了一篇论文，这应该是国内第一篇基于翔实数据分析来分析拒绝率的文章。文献资源的建设其实是很考究的，钱少，如何有效分配是一个系统工程，你看我们学校学科、专业那么多，但是钱只有这么点，你买什么都是发到各个学院让他们自己勾选，然后我们来平衡。当时采购手段单一，采访部缺少了一个最重要的环节就是评，采购了这些书最后的效果怎么样，要有一个评价。现在文献资源的品种品类就更多了，我们当时都没订购过一个数据库，完全不能同日而语。

传感外文书

20 世纪 90 年代搞传感是很先进很厉害的，当时我们的副馆长马文光是搞传感的，他跟我讲，传感现在很重要，你去弄一弄（这方面的书）。我就去光电学院咨询了一下，得到的回答是没有人做这个东西，他们做的都是很简单的传感。我跟马馆长汇报之后，马馆长就跟我一起到光电学院做了关于光电传感的交流。为了订传感的书，我们给教育部管外文书的部门申请，希望他们能帮忙收集关于传感器方面的图书目录，为这个事他们就专门给我们编了一辑关于国外传感器发展的专题书目，我们就把书目发到学院去征集意见，大家都很积极踊跃，好像是勾选了 4 本，2000 多元一本，一算就要花 8000 来元，这事就很棘手了。我给李靖华馆长汇报，李馆长说，你们就订两本吧。可以看出当时图书馆购书经费的拮据，为了订一本外文书多么谨慎、艰难。如果经费充足，这四本书我们肯定都买了。

图腾系统

那一帮年轻人，郑强、汪培术、田琳、王彰红、高义等人一起做了一个当时是全国高校图书馆独立自主开发的最好的图书管理系统——图腾系统，做得非常好，我们是唯一的独立开发者而且推广得也还可以。很多图书馆就用了这个系统，我们得去做售后服务，还有其他几家也在做，竞争也很大。我（馆里面）对这个图腾系统的开发也是给了全方位的支持，人财物都是做到了，环境也非常宽松。图书馆发挥的作用，对学校的影响力是非常大的。我们的图腾系统，不光是对图书馆有影响，还有图工委。就像我刚刚讲的，我发表的文章，别人看到了会说怎么重大会有人写这个文章，首先想到的是重大。当时重庆大学图书馆是生气蓬勃的，在高校图工委中，在全国范围内，大家都很有生气，都在做事。

当时为了解决文献资源短缺的问题，我们搞了一个馆际互借，通用借书证，联合采购，都是没有办法的办法，只要能够寻求到其他兄弟馆的支持，这都是一种资源。还有获取其他信息，比如校内的、经费的、合作的，也是一种资源。还有一个就是我们馆内的，除了馆藏资源以外的人才资源。我们在讲馆藏资源的时候一定要从三个维度来考虑，除了比较“死”的东西，最核心的就是人力资源。

如果只是简简单单的借还，那没有问题，但我们图书馆不是那个层次的图书馆，我们图书馆应该是为二次开发利用服务，这样一个图书馆对于人才的储备和人才的要求很重要。当时的重大图书馆，引进硕士比较领先，引进高质量大学的人才在四川都是比较领先的。图书馆的发展跟我们的人才储备也是有很大关系的。后来包括重大的人才也引进了很多，现在硕士也越来越多了。这就是我们重庆大学图书馆注重人才储备的体现。现在图书馆做的，包括ESI，其他的一些二次文献开发，还有学科评价，每年的报告质量都非常高。这中间最核心最关键，我觉得最骄傲的，就是我们图书馆很注重人才资源。要是没有人才，做起来就很困难。

关于文献服务，我记忆最深的做得最好的就是ICT中心，ICT中心是重庆大学一个非常典型的能够独立生存发展得比较好的研究机构，当时我们图书馆有一个罗老师，他就为ICT从建立到发展做文献。有些老师做科研是很厉害，但是你要让他去找文献，真的不行。我现在就是宣传我们图书馆，给学院那些老师讲，你们没有办法的，图书馆有办法，你们就去请图书馆帮你们忙，也可以联合起来做科研。我们图书馆在资源建设上的思路是对的，方法也很得当，效果也比较突出。作为一个老图书馆人，我感到很欣慰。今后，我觉得现有的优势要保持，同时还要拓展。从今年看来，图书馆是很容易受冲击的一个单位，毕竟图书馆的经费不是自己用，都是为学校为学科服务。我在图书馆干了那么久都没有给自己买一本书，都是为了学科发展。买了之后，我们还为了使用效果想尽一切办法去推广。你看图书馆现在还办了很多分馆，为了学院的发展可以说是尽心尽力。所以我们要争取更多人对图书馆的理解和支持，寻求更多的合作。上海软科就是一个很好的例子，它以前就是上海交通大学的，现在不仅国内买，国外也买他们的产品。

我们图书馆是可以有作为的，而且是大作为。图书馆是能够汇聚资源的，包括优秀的人、高质量的文献等。看到图书馆发展得这样好，我发自肺腑地感到自豪。图书馆有年轻人就有希望。

（本文由李华口述，王彰红、王英采访，由温俊整理

采访时间：2020 年 10 月

采访地点：重庆大学）

和图书馆一起成长——谢蓉口述

我是 2002 年 11 月到图书馆工作的，在几个校区分馆都工作过，对图书馆有深刻的记忆和感情。

记忆深刻的故事之建筑馆改造

2006 年在 B 区图书馆改造前期，在教育部拨付 100 多万元修缮款的情况下，图书馆积极争取时任校长李晓红、副校长张四平、副书记赵修渝的支持，追加了 500 万元改造经费。改造后的 B 区图书馆实现了开架式借阅、一站式服务。记忆最深刻的一件小事是，为了凸显 B 区图书馆作为建筑分馆的学科特色和内涵，我找许世虎团队做了 B 区图书馆借阅工作前台的浮雕墙，多次沟通过程中，对方虽调侃我把艺术产品当白菜一样砍价，但我们的坚持感动了对方，最终将设计制作费由 10 万元降到了 5 万元。

以 B 区图书馆改造、虎溪新馆建设为契机，经过多方面的艰难协调，我组织动员相关人员和优化人力资源配置。在人员减少近一半的情况下，克服了服务面积增大（增加虎溪图书馆）、服务内容增加、新入藏图书大幅增加（从 5 万多册到 12 万多册）等问题，最终实现了图书馆借还书时间由每周的 33 小时延长到 90 小时，最大限度地满足了读者需求。记得当时我们图书馆的借还书时间一周低于 33 小时，而教育部要求高校图书馆周开放时间不低于 90 小时。我们借 B 区图书馆改造的机会，带领读者工作部的主任、馆员到四川大学图书馆交流学习，为延长开放时间做思想上的铺垫。

在读者工作部开放时间改革筹备过程中遇到了很多的阻力和不理解，B 区馆员纷纷抱怨甚至投诉，为此我做了大量深入细致的思想工作。

在实施三班倒以后馆员们很快就适应了，非常认可更灵活的上班时间。在开放时间改革过程中，得到了时任馆长彭晓东的坚定支持。

建筑图书馆改造前

记忆深刻的故事之A区图书馆改造

2015年底A区图书馆装修改造圆满完成，改造后的A区图书馆被亲切地称为“别人家的图书馆”。A区图书馆改造之初，教育部给了750万元经费用于A区图书馆修缮，在招标中看中了设计师的“文艺复古”设计风格，按照这一风格修缮完成以后获得一致好评。实际上老馆装修完毕之后经费只剩134万元，仅能对东楼的线路进行改造。时任校长周绪红，副校长张四平、孟卫东同时到图书馆老馆考察改造效果，随后在图书馆召开的改造验收会议上当即决定追加500万元经费对东楼进行统一风格的装修，进行过程中学校再追加200万元经费完成东楼四楼、五楼的装修。装修中保证质量又注重节约，比如铜质台灯，一盏

谢蓉在虎溪图书馆

至少要1500元以上，为了节约经费，我们找灯具制造商开模，最后一盏台灯的花费只需400多元，效果也非常好。装修本身就是一本立体多彩的“书”，装修之初图书馆所有参与A区图书馆改造工作的人就决心要尽力把这本“书”写好。始终坚持和无私心最终交出了一份完整、圆满的答卷。

记忆深刻的故事之虎溪图书馆

我是从虎溪图书馆设计招标之初就参与虎溪馆的建设工作的。虎溪图书馆的设计师汤桦是2008年“十大建筑设计师”之一。建筑刻写了地域和时代的文化轨迹，内装就要把建筑语言内化，我们就想内装修要沿袭现代风格，且一定要用好二楼、三楼大平面及其他空间。图书馆是藏书的，而建筑和它的内部装修本身就是一本立体多彩的书。

我们希望读者走进我们打造的图书馆时立刻被环境所感染、浸泡，因我们的空间打造而被耳濡目染、不学自得。读者进来有仪式感，一进图书馆就会因爱上图书馆而爱上读书。建成后的虎溪图书馆在网络上获得“中国最美图书馆”的殊荣，于2010年6月10日正式投入使用，建筑面积约3.4万平方米，大写“L”造型取自英文Library，如“一本打开的红皮书，一把舒适的椅子，一架浪漫的钢琴”。

开馆前夕的攻坚战让人记忆犹新，时间紧、任务急。虎溪馆2009年5月20日完工，6月10日就实现开放一、二、三楼。在这一过程中，翟伟等虎溪馆首批建设者作出了巨大贡献。在图书馆交付之前，翟伟合理安排人员负责完成50万册搬迁图书的分类整理，大家也不倒班了，加班加点，从不叫苦叫累，大热天男同志在阅览室书库光着膀子干活。工作虽累，但大家干活的氛围十分融洽，民选了民间馆长，如李俊勇的“李馆”，夏冰的“生活馆长”等。当时的搬迁开馆队伍是一支“召之即来，来之能战”的战斗队伍。这段经历更是虎溪馆员们一段珍贵的记忆。

在离开虎溪图书馆后，我几个月都不敢到虎溪图书馆，感觉像是离开孩子一样的不舍。

（本文由谢蓉口述，王姝、刘芳兵采访并整理

部分图片由胡晓供稿

采访时间：2020 年 7 月 10 日

采访地点：虎溪图书馆 1017 会议室）

当我谈跑步时我谈些什么——周红采访录

全程马拉松4小时34分钟，谁说只有专业运动员能完成！今天小薇（重庆大学官方微信公众号代言人）带大家走近这样一位爱阅读、爱旅游、爱跑步的老师——周红。

今年的重庆国际马拉松赛上，重庆大学图书馆馆员周红以4小时34分钟的成绩跑完全程42.195公里。然而三年前，她从来没有想过自己会去参加马拉松比赛。从跑步这一项简单的运动里，她跑出了怎样的人生哲学呢？

运动——遥不可及的远方终究会在身后

小薇提问：请问您参加过哪些马拉松比赛？

周红老师：2014年重庆马拉松赛中，我报名了5公里“迷你马”，当时跑得不过瘾，自己跑了10公里；2015年重庆马拉松赛，跑了半程马拉松；今年挑战了全程马拉松，成绩是4小时34分钟，在全部完赛选手中排名中等偏上。除了这三次正规的重庆马拉松赛，我还参加过两次10公里跑与1次女子半程马拉松赛。每一次参加比赛身心都非常愉悦，现场感受啦啦队以及观众的热情呐喊鼓励，感受跑友们的活力，体验自己完赛的成就感。

小薇提问：村上春树写过一本《当我谈跑步时我谈些什么》，请问您在跑马拉松或者日常训练的过程中有没有什么感想或者体会？

周红老师：唯一的体会就是，42.195公里并不是遥不可及，只要你一直跑下去。3年前开始跑步的时候，我没有想过要参加马拉松赛，但随着脚下里程的累积，以前看似遥不可及的远方终将成为你身后的里程碑。开始并不难，老生常谈的真理是难在坚持。

小薇提问：跑步这项运动有没有给你的身体与生活带来影响？

周红老师：跑步不仅有助于提升体力，还能够拓宽人们的活动半径。跑步缩短了我的时间，让我有机会看到更多的风景，也拓宽了我的活动范围。所以说，跑步能让我们接触到不一样的世界。

周红在马拉松赛程中

跑步，只需要一双跑鞋

小薇提问：请问您认为校园马拉松是否有利于学生提升身体素质？很多学校都把马拉松作为必修科目，请问您对此有何评价？

周红老师：跑步是成本最低的一项运动，开始时只需要一双跑鞋。坚持跑步肯定是有利于绝大部分同学提升身体素质的，包括心理素质的锻炼。但跑步不一定要跑马拉松，养成锻炼健身的习惯才是根本。

小薇提问：请问您对喜爱跑步的学生有没有什么建议？

周红老师：科学地跑步、健康地跑步起码需要合适的跑鞋，舒适的跑步服以及正确的跑姿。推荐一本书——《跑步，该怎么跑》。

小薇提问：很多人认为跑步是一项孤独的运动方式，尤其像马拉松这种长跑运动，那么您认为跑马拉松是一种怎样的运动方式呢？是孤独的，还是享受的？有没有什么例子可以说明？

周红老师：跑步的时候，是你与自己身体对话的时候，是你静静感受大自然美好的时候，这是非常享受的时刻。也许一开始，跑道上只有你一个人，慢慢地人多了，别人跑完后离开，跑道上又只剩你一个人。这个过程是不是有点哲学的意味，你的人生终究是自己一个人的。有陪伴有离开，只有你自己还在。肯定自己、欣赏自己，一套新的跑步装备，或者一块完赛的奖牌就是对自己最好的奖励。

小薇提问：作为一个业余马拉松选手，请问您认为应该如何去传播和引导这项运动，使更多的人感受到这项运动的乐趣？

周红老师：称不上业余马拉松选手，只能算个跑步热爱者。坚持自己的爱好，身体力行，才能感染身边的人。也许是受我的影响，身边越来越多的朋友爱上了跑步，今年就有一位闺蜜顺利完成了半程马拉松。通过各种 App 及社交网络，相互鼓励，监督分享可以让爱跑步的一群人跑得更远更快乐。

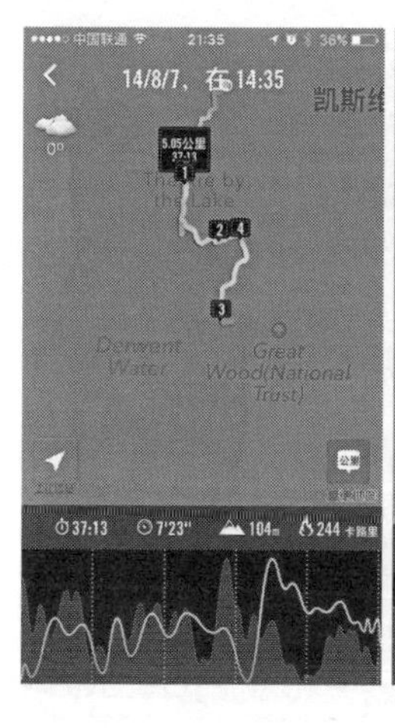

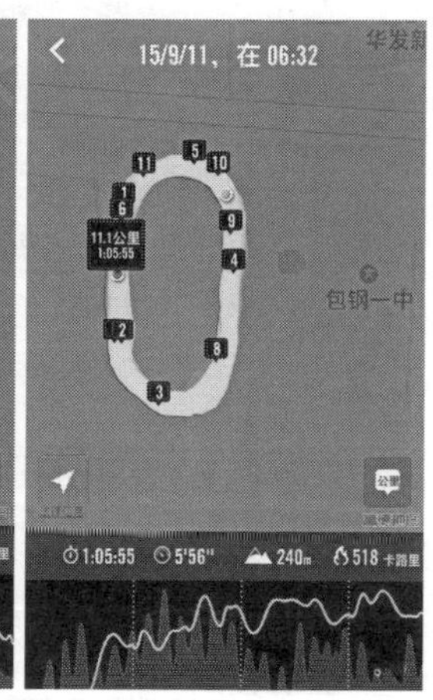

周红手机中的足迹记录

用跑步去打卡旅行记忆

小薇：除了跑步您平时还有什么兴趣爱好吗?

周红老师：总体来说我的爱好和跑步是结合的，我爱阅读、爱旅游、爱跑步，因为有无时无处不跑步的习惯，现在每次出门，行李中必然有跑鞋，用5公里的跑步打卡每一个城市。

没有什么成功是坚持所不能获得的，没有什么风景是会在奔跑中错过的。或许我们都应该尝试，在奔跑中聆听自己的心跳，在奔跑中看见不一样的世界。奔跑吧!

（图文来自重大官微2016年4月19日报道

文案：郝若鸿　于恒

指导：张婧

编辑：鲁雪瑞）

虎溪图书馆的第一届馆员们

2005年，第一批虎溪馆馆员，包括李恭君、胡方林、李骏勇、赵必会、宋萍、翟伟、周红、罗惠莲等同志；馆聘员工有李成琳、揭臣勋等，开启虎溪图书馆综合楼过渡图书馆工作。老师们辗转乘公交车或校车从歌乐山经白市驿到虎溪校区。几天回一次家，住集体宿舍梅园一栋，睡钢质上下床铺。

2020年7月1日李恭君在虎溪图书馆接受采访

虎溪图书馆新馆开放时的馆员

图书馆第五党支部，当时只有 4 名党员，除了支部组织生活和政治理论学习，基本是围绕图书、书架整理和读者服务来展开。

虎溪大学城开校之初，只有重庆大学入驻。因空间场地有限，过渡图书馆总面积约 2600 平方米，入藏 10 万余册图书，最大限度设置和提供了 600 个阅览座位，实行借阅一体化服务，每周开放 94 小时接纳学生学习。校区周边只有一片田园和工地，师生们的工作条件、生活条件都比较艰苦。因蚊虫较多，同学们都随身自带蚊香。因周边配套设施有限，只有虎溪镇可去，同学们纷纷涌向图书馆。每天开馆前，同学们都已完成有序排队，等待入馆学习，电子阅览室更是一座难求。

为满足同学们的借阅需求，每年大批量调拨和入藏图书到综合楼过渡图书馆，截至 2009 年 5 月底虎溪图书馆竣工，已累计入藏 50 余万册。为了迎接新馆开放，翟伟主任带领大家加班加点打包打捆图书，自行通过图书馆的推车，一件件地转运到虎溪馆。

虎溪图书馆第一届馆员在技能培训会上学习并展示

2010年6月10日，虎溪图书馆开馆迎接读者。受开馆条件限制，当时只开放了虎溪图书馆一楼期刊阅览室、二楼社会科学阅览室和三楼自然科学阅览室和十楼办公区。开馆之初，迎来了校内外大量人员的参观交流。为提升服务，图书馆组织和开展了虎溪馆员职工礼仪和技能培训，并进行工位服务质量监督和优秀评选。

（本文由李恭君、谷诗卉口述，邓朝全、陈瑶采访并整理口述内容
采访时间：2020年07月01日
采访地点：虎溪图书馆）

关于情报教研室的一些回忆——李玉莲口述

1986 年我调到重庆大学工作。在我之前教研室有罗美依、李平源、何庆渝、朱晓康、吴越、郑强等老师，然后有穆安民、李学静、曹京、李俊红、陈文等老师，合校后又换了一批新人。

教研室出人才，这些人中有升迁的，有出国的，有经商发财的，只有我和郭吉安老师一直坚守在当时图书馆文化层次最高的教研室。刚进入图书馆时，刘永秀老师在工作上指导我、帮助我；我刚上讲台时不够自信，马文光副馆长给了我极大的鼓励，使我很快成长起来，成为一名合格的教师。

后来跟郭吉安老师（他曾担任副馆长，情报教研室主任）一起共事很多年，他带领大家编教材，进行教学改革，我从他身上学到很多东西，使自己不断进步。作为教研室负责人，我们主编了教材，发表过多篇文章，还担任了研究生教改项目负责人。正是大家的共同努力，使我们获得了重庆大学教学成果一等奖、重庆市教学成果二等奖。

重庆大学在 1985 年就开设文献检索课，当时是利用书本式的检索工具，把学生带到图书馆，翻阅检索工具，进行实践教学。但是每种检索工具只有几本，学生拿到的书都不一样，教师不好指导。后来教研室的老师们选了一些典型课题，编辑了一整套检索工具书，一共有 12 册，这些书多数我都参编了。

世界专利索引是由我主编的，为完成这个工作，我在图书馆检索工具室待了很长一段时间。随着科技进步和时代的发展，现在已采用计算机检索，大大提高了检索效率。当时的查新课题，如果要查国外的文献资料，用的是国际联机检索。由于教学需要，教研室最早拥有了电脑，而且也是全校最早利用计算机多媒体教学的单位。再后来随着互联网的

我馆情报教研室编辑的教材，由郭吉安任主编，李学静、李玉莲任副主编的《现代信息检索教程》

发展，进入了数据库检索时代，图书馆也订购了若干国内外的数据库。

从开课以来，教研室不断地进行了教学改革的研究与探索，先后出版了多本教材，发表了多篇文章。由于该课程一直没有间断，而且是对全校的本科生和研究生开课，无论从开课的数量和教学质量来看，重大图书馆在全国高校都是不错的。

（李玉莲供稿，徐娟、李哲组稿）

你好！我是读者

人事处吕红能

2007年我读大二，当时在市内其他高校念本科，暑假在沙坪坝做家教。为了方便找家教和出行，我在重庆大学大门口租了一间普通民房。由于是合租的房子，条件一般，家教备课成为一个不小的困扰，尝试过公共教室，但是敌不过“考研党”疯狂抢座，也尝试过肯德基餐厅等地方，都不合适。

后来无意中知道，重大图书馆可以凭借身份证进入（这在很多高校是不可能的），对我而言，这无疑是一个天大的好消息，这意味着我可以享受空调、安静的环境，还可以阅览我喜欢的杂志……就这样，我和重大图书馆有了首次相遇。

后来，大三暑假我又与“故人”相遇。直到2009年，我保送至重大，成为重大的一名研究生后，才开启了刷校园卡入馆的新历史。硕士毕业

学生时代的吕红能在图书馆中学习

后，我有幸留校成为学校一名教职工，虽然身份历经改变，但是和图书馆的感情却愈加深厚，工作后，我也会抽空回到熟悉的座位上，暂时抛开工作，看看喜欢的杂志，追寻心中的恬静。

回顾过去的几年，我真的很感激在我最需要帮助时，重庆大学图书馆给了我一个开放、绿色、友好的阅读空间，让我真正感受到重大图书馆传承文明、服务社会的力量。现在，我也会经常推荐我的朋友、家人凭借身份证入馆，享受阅读的快乐。

图书馆是学校科学研究的引擎、学习资源的中心、大学学术文化的象征乃至学校的窗口和名片，在图书馆建馆90周年之际，作为一个故友，我衷心希望图书馆能越来越好，以优异成绩迎接百年馆庆。

罗丽

2015年3月第一次踏进重庆大学A区图书馆，大厅的卡片目录柜、书院的复古台灯、蜿蜒向上的木质扶梯都让我对这所散发着民国风气息的图书馆向往不已。考研复试的顺利通过，让我有幸与重大图书馆共度了三年的美好时光，依稀记得早上排队进馆时的期待，晚上闭馆时门卫大叔的催促，借的第一本书是余华的《第七天》，参加的第一个系列活动是“真人图书馆”。

在重大图书馆的三年，让自己所学的图书馆学专业的相关理论知识能学以致用，通过在创新发现中心做助管的三年，学会了如何策划、组织开展更多的阅读推广活动；通过在学术评价与分析中心实践的一年，学会了如何使用更多的数据分析工具清洗科研数据，如何绘图制表，如何编撰ESI学术影响力速报、机构对标分析报告及人才引进报告等。以至于踏上工作岗位后，我也能较好地完成各项工作和任务，并让我坚定地从事着自己热爱的图书馆事业。

转眼已毕业两年，回忆起在重大图书馆的点点滴滴依旧恍如昨日。对于我而言，重大图书馆与其说是看书学习的地方，更像是一个温暖的家。在这个家里遇到了让自己值得感恩一辈子的研究生导师，在学业、生活乃至现在的工作中不断指引我成长进步；在这个家遇到了一群业务水平高，对工作充满热情的图书馆老师，在他们身上感受到了满满的正能量；在这个家遇到了可爱的师弟师妹们，当然也遇到了更好的自己。重大图书馆，谢谢您，期盼您越来越好！

2018 年 6 月在重庆大学文库拍的毕业照

尹伟宏

时光飞快，转眼间我来重庆大学读研已有两年，这两年里，我的大部分时间都在图书馆度过，这是重大这所弘深学府里我最喜欢，也是我最引以为傲的书的天堂。

作为图书情报与档案管理专业的一名研究生，与其他读者相比，我可能还更加幸运一点。除了和所有读者一样享受到图书馆海量的资源和贴心的服务，我还有幸接受图书馆老师们的悉心培养，并且在学术评价分析中心、创新发现中心的相关专业实践中，得到了许多老师的教导，收获了学术评价、阅读推广等方面的宝贵经验。此外，通过参加图书馆在虎溪校区主办的全国性学术会议，我的视野也得到了极大的开阔。

总的来说，无论在学业上，还是个人综合能力的养成上，重大图书馆都是我人生中非常重要的一站，我在这里实现了个人的全方位发展，我也将永远铭记这份培育之恩。祝图书馆九十周年生日快乐，越办越好！

为读者介绍“你选书　我买单”操作流程

（情报服务部组稿）

妈妈与图管孩儿们

丁妈妈记忆中的图管孩儿们

1992 年图管会作为图书馆的一个学生勤工俭学组织成立，由学生自主管理；1994 年，图管会正式加入校学生会成为正式社团，由丁小松担任第一任指导老师，直到丁老师 2009 年退休，离开图书馆。指导老师由徐娟老师接替。丁老师在图书馆工作期间，经历了图管会从诞生到初具规模的全过程。

图管会的同学之间都有着很深的情感，每次举办委员的离退大会，同学们都是十分不舍。很多时候甚至会聊通宵，相拥而泣。而丁老师从来不会去参加离退大会，因为受不了离别时难过的氛围。

图管会作为一个勤工俭学组织，当时加入图管会的同学很多都是来自农村的贫困生。农村孩子往往会比城里孩子更腼腆，或多或少会有一点自卑情绪。但是，农村孩子往往又更上进。因此，加入图管会的这部分同学在有了一个相互交流的平台过后会更加努力。这也使得图管会中同学的保研比例是非常高的。

读者服务是图管会最初的本职工作，这部分是不能舍弃的，但时代在改变，图管会也要紧跟时代变化从事一些新工作。对于学生管理，还应该注重学生的全面培养，发挥好图书馆、图管会的第二课堂作用。

周娇娇：图书馆是青春的回忆

周娇娇，1992 年考入重庆大学自动化系，同年加入重庆大学图管会；1994 年图管会正式加入校学生会后，担任图管会主任一职；1995 年退出图管会；1996 年毕业之后，多次创业，取得了一定的成果；毕业后，工作期间参与设计制作了图书馆的管理系统。

周矫矫在图管会期间，图管会是图书馆勤工俭学学生组织中的重要组成部分，同时作为学生社团由校学生会统一注册、纳新与管理。同时周矫矫是图管会开始由指导老师带领后的第一任主任。最开始图书馆中有两个学生组织，一个是在阅览室这边的图管会；另一个是编目的读者俱乐部，会定期做一些图书品读活动。后来读者俱乐部渐渐消失了，图管会还在继续传承。图管会最初也是图书馆这边负责的一个勤工俭学组织，后来校学生会全面收编学生组织，当时作为图管会主任的周矫矫也应校学生会需要兼任校学生会学习生活部的部长。之后图管会就成为一个正式的社团，有图书馆的指导，又有勤工俭学资金的支持。作为图管会元老，周矫矫见证了图管会从无到有的全过程，带领图管会渡过了成立初期的许多难关。

记忆深刻的故事

中学之前我不是一个很活跃的分子，没当过学生干部，是进入重大以后才当过所有学生干部。所以第一次当着很多人说话其实是很紧张的，我们那时都很腼腆，20个孩子坐在下面听你讲也是很紧张的，而且那时也没有PPT。电脑进入重大校园是1994年，之后才陆续有多媒体，那时就像我们现在看到电视剧里七八十年代一样，每个人拿小本儿记录着，其实是很锻炼人的。那时重大图书馆门口两个雕像的旁边有六个一开的展板，以前就归图管会画。那时不像现在可以打印，只能设计好了就一笔一画地画，像做板报一样。由于我年纪最小，虽然我是主任，但那时也叫不动人，最后工作要做，就只能花了两天时间自己画。因为当时不懂管理，不知道怎么跟大家相处，找不到人帮忙就只能自己做。虽然最终完成了，结果却不尽如人意。

第一次认识互联网，连接到网络是在图书馆。在互联网还未普及时，因为加入图管会，在图书馆有了这样的机会去认识未来是什么样子。

孙明月：20 世纪 90 年代学生的图书馆生活

孙明月，1999 年考入重庆大学材料科学与工程学院冶金工程系冶金工程专业。他当年加入了图管会，大四上学期退出图管会，在图管会学习和工作了将近四年。之后也经常以“元老”的身份去。

1999 年 11 月图管会学生团队留影

我的故事

“我当时在学院里面所在专业是工科。我那时每个月还有 60 块钱的国家补助，虽然不多，但是也够吃好多顿饭了，那时候一顿饭才两块钱，能吃好几顿饭。但是唯一的问题是我们都是‘和尚班’，一个班就两三个女生，但是到了图书馆以后，完全不一样。图管会当时好像女生要比男生多，为什么女生比男生多呢？因为女生一般表达能力都很强，口才又好，我估计面试的时候，好多女同学就优先加入进来。这个对于男生来说是好事。为什么我喜欢往图管会跑，一方面名义上说是喜欢书，实际上作为那个年龄的人，也确实是希望和异性在一起多接触。这个实在讲就是哪个年龄的人，就想哪个年龄的事。”

那时就是大家从书架上取下来的书原则上应该是放回原来的位置，但是很多时候很多人都不放回去，就近就扔在一边了，然后工作人员最主要的工作之一就是把这个书对号入座。基本上最后一班的值班人员任务比较重，下班之后要把所有书还原，还原到原来的位置。这也是一件让人印象深刻的事情，就是在整理书的时候发现哪本书被翻烂了，或者翻得太多了，实际上就表明这本书是最受欢迎的。当时我们也做过一些调研，调研图书馆应该多引进哪些书。大家七嘴八舌，也没有一个明确的结论。我就提了建议，我说你看哪本书翻得最烂，哪本书就最受欢迎。大家在整理书时顺便就记录了哪些书是看得最多的。有些书干干净净的，放在那里没人看，这也是一种浪费，有些书是精装书，一本书几十块钱，在我们看来没人看也是暴殄天物。

其他印象深刻的事也很多，像我们搞团建活动时，大家都开心得不得了。那时候班级里也没有钱，每人凑几毛钱，七八个人凑几块钱吃一顿毛血旺，当时就觉得很舒服。所以我毕业之后，人家说你这从重庆来，重庆的火锅你觉得好吃吗？我说很抱歉，我在重庆没吃过火锅，太贵了吃不起。当然在图管会不一样，图馆会是一个“富裕阶层”，经常搞一些活动，能吃到一些平时吃不到的东西。对于年轻人，尤其是处于长身体阶段的年轻人，这是一件很好的事情。只有吃好了吃饱了，才能想一些跟温饱没有关系的事情。

从我自身的体会和角度，图管会作为一个勤工俭学组织，大部分的学生都是家庭经济条件不太好的，进来都是靠自身努力刻苦。上大学都是憋着一股劲儿来的，都有一定的自卑心理，我们和城市孩子不一样。像我上学那会儿，连电脑都没见过，看着人家在键盘上打字“健步如飞”，我十分羡慕。现在想想没什么，但是那时候确实不一样，就是来自不同地方的人不同层面的人之间的差距是很大的，层次低的人天然就有一种想要学习求知的欲望。接触到这种精英俱乐部也会力争把自己变成精英，会向着这个高水准去看齐。

另外，我觉得图管会的几位负责老师非常亲切，我印象特别深刻。当然还是对丁老师印象最深刻。首先丁老师看着比较严肃，虽然不是那种大大咧咧的但是又很活泼。以我对丁老师的了解，她也是在书香门第长大，人非常大气。更重要的是丁老师很有爱心，因为跟年轻人打交道，爱心要排在首位。徐老师、李老师也绝不是为了挣钱或者怎么样才留在图馆会，而是因为有爱心，愿意跟年轻人打交道才选择这个岗位，这样的老师非常难得。虽然丁老师不是专业有多高的造诣，但是她个人的涵养，还有对人处事的态度是非常好的。

对图管会想说的话

首先对图书馆我想说的是感谢，更是要感谢图管会，因为是图管会培养了我。大多数人都觉得是自己的学院，或者是自己的专业培养了自己。其实我是在重大读的本科，硕士、博士不是在重庆读的，本科阶段我觉得学习的专业知识都是比较有限的，更多的是学一些基础课。除了日常上课，很多人的业余生活都是在宿舍里睡觉或者打游戏。当然身体好的还会去踢足球、打篮球。许多人都是过这样的业余生活，但是我的业余生活大部分时间是在图书馆度过的，而且更多的是跟图管会的同事们一起度过。所以我感觉大学里面留给我印象最深刻的就是图管会。

图管会的同学来自不同的学院，可以说图管会是一个精英俱乐部。现在搞研究，都要求学科交叉创新。学不同专业的人，在一起能够碰撞出火花来，出现一加一大于二的效果，图管会实际上就是一个这样的平台，来自不同的学院不同的专业以及不同年纪的人，很多人还来自不同家乡。跟这些人接触，能够极大地拓宽知识面。现在是信息化的时代，即使在小地方也能获得很多信息。以前在小地方除了看电视，很少看书，期刊也比较少，知识面也很窄。所以我一加入图管会就感觉自己的世界大了很多，也特别爱跟大家聊天。不管是不是我值班，我都愿意跑到那儿去，在不影响接待读者的前提下，跟值班的同学聊天。我觉得这对丰富生活阅历以及提高自身修养的帮助都是巨大的。所以咱们图管会的一些新的同学，一定要倍加珍惜这个机会，维护好这个平台，因为这个平台可以说是精英俱乐部。除了徐老师和李老师在维护这个平台之外，这个平台也要靠大家来维护。每个人多投入一些时间精力，在这里面跟年轻人去交流，使气氛活跃起来，这个社团的生命力，包括它的竞争活力就会更好。这是我想对图管会的兄弟姐妹说的。

我最后还要补充一点，就是在图管会，除了是一个拓宽个人知识面的地方之外，还是一个陶冶情操的地方。图管会经常举办各种各样的团队建设活动。通过活动可以增强凝聚力、向心力，这对一个团队来讲是非常重要的。我也工作了十几年了，自己体会到情商有时候比智商要重要。虽然我在中科院工作，做的是科研工作，许多人觉得做科研就是智商很高，但我个人认为情商也很重要。因为高智商的人非常少，万里挑一，而且那种高智商的人有一方面可能是比较弱。现在的社会环境下，综合素质不够全面的人，即使是智商比较高，也未必能发展得特别好。所以我个人认为，图管会是一个提升情商，也是提升个人表达能力、拓宽知识面、提升个人修养的一个地方。所以我跟师弟师妹讲这些就是让大家一定要珍惜这个机会，而不是说只把图馆会当成一个挣钱的地方，而应该把这里当作一个锻炼人的好地方。

对图书馆、图管会发展的建议

已经毕业的或已经“退休”的这些成员是很重要的社会资源，虽然大家都在天南海北，但是大家都是心系重大，心系图书馆，心系图管会的。所以说除了在网上建微信群之外，我个人建议咱们还是把已经离退的成员以各种形式联系起来，举办一些活动，让大家就像在班级里面一样。从我个人的感受和体会来讲，图书馆的同事比我在大学里的同班同学还要亲。这么亲的亲人，十几年了，没有联系或者联系不够紧密，觉得还是有些遗憾。当然举办这种活动，也是给年轻人看一看，不是说人走了就散了，而是这里始终是一个家，一直需要保持联系。将来咱们这些同学毕业了，找工作也好，未来要出国深造也好，这些资源都可以保证，这样也可以把图管会的声望扩大。

戴庆伟：我们更看重这个组织

戴庆伟，重庆大学 2003 级的本科生。2003 年入材料科学与工程学院的材料物理专业。入学时就加入图管会，博士毕业离校，现在在重庆科技学院工作。当时找工作的时候也去过很多地方。虽然是山东人，但比较喜欢重庆这种氛围，最后选择了留在重庆。

2003 级图管会学生团队留影

与图书馆的缘分：我跟图书馆或者图管会是有很大缘分的。我上大学去的第一个地方就是图书馆。我记得很清楚，刚到重大哪里也找不到，就跟同学在校园里闲逛，逛的第一个地方就是图书馆。当时应该是还没有正式报到，没有学生证，按理说图书馆是进不去的。到了社科那里，当时是要把学生证给值班人员，当时期刊还很有限，有一些期刊你只有拿那个牌子去换才换得到。当时还没有学生证，有一个小姑娘在值班，应该是图管会的哪一个老委员，我进图管会后就再没有见过她了。她就问我和我同学要学生证，我说我没有，因为才来。但是她人很好，还是放我们进去了，而且我们还拿了本书看。那本书对我影响很大，现在我也一直给我的学生讲，正好我拿到的是《中国当代大学生》，当时还是限量版的期刊，要放在值班台的一个玻璃柜里。封面上有内容吸引了我，就是大学生应该做的 50 件事和不应该做的 50 件事。我就翻开那本书，因为上大学大家就觉得要去做家教，赚点零花钱，然而上面最不应该做的第一件事就是不要打工，理由就是以后有很长的时间大家都在工作。我现在就在打工，我们每个人都在打工。还有最应该做的一件事，我觉得说得特别好，现在我也说给我的学生听，大学里面最应该做的事情就是跟优秀的人在一起。这条我记得特别清楚，我也很幸运能加入图管会。图管会里面的人都特别优秀，我也无形中和优秀的人走到了一起，让我一直在努力。

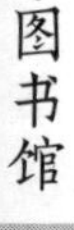

记忆深刻的故事

纳新——纳新的阵仗特别大，可以说是人山人海，就在竹林就有很多的人。当时报名的人特别多，听他们说我们那次报名的就有 1000 多人。最后，每届只需要 20 个人？需要多少人？反正可能十几个或者二十个吧，时间有点久记得不是很清楚了。我们那一级能进去的人都很幸运，就是百里挑一。而且我记得排很长很长的队，才能够去面试。面试就在社科阅览室，有很多个面试台，还有初试复试。刚开始的时候肯定是那些老委员面试。淘汰很多人之后是一个复试，复试的时候是一些老委员，还有丁老师坐成一排。我当时比较紧张，觉得有十来个人，对面一排排面试的同学，每个人自我介绍完了评委会问问题，这样经过了多轮面试，终于有机会能够加入我们这个图管会。

小阁楼——我们在小阁楼只是开会，整理资料，或者是上自习。原来的那个社科是很长一段时间不可以在那上自习的。只有每年要期末考试的时候，我们会把所有的期刊都收起来。这个期刊阅览室就变成了同学们上自习的地方。而且当时还有空调那个教室当时没有空调的，所以很多人挤在那里上自习。

图管会的这些同学联系很紧密，现在我联系最多的大学同学是图管会的同学。我大学毕业已经十几年了，经常保持联系的其实没有那么多。但是，比如说过几天、过一段时间会打电话的，可能还就是我们图管会的一个同学。当时的主任，我们俩经常联系，我有一段时间在香港做博士后，正好他也在香港中文大学读 MBA，那段时间我们就经常见面，经常交流。即使现在不在香港了，过一段时间也会打个电话。他夫人也是图管会的，所以说图管会也造就了很多佳人。我现在想到的还有整书，每周主要是把新书搬来，当时我负责整书的工作，就要把它分门别类，每一本放在一个固定的地方。这就要求对位置很熟悉，要不然花费的时间会很长。还有我们每周要开一次会，每次开会大家都很高兴，终于又见面了，值班的时候大家也会见面，但开会人到得比较齐，开会还会发工资。当时的工资是很少的，好像是几块钱一个小时。其实现在我们认为大家不太看重那个多少钱，应该更看重我是不是在这个组织里。

廖怡宁——图管会带来的成长

廖怡宁，2011 年加入图管会，2013 年担任图管会主任，2014 年本科毕业后仍在重庆大学读研。2016 年研究生毕业后在香港中文大学工作，后来开始从事研究工作，进入读博阶段。廖怡宁担任图管会主任期间组织参与了许多大小活动，是尚阅斋的主要创办人员之一。

2011级图管会学生团队留影

记忆深刻的故事

学会与团队合作——在当图管会主任之前她有丰富的社团管理经验，一度是五个社团的主要负责人。作为一个社团工作经历比较丰富，且比较喜欢策划和活动执行的工作的人，她虽然不是一个担任主任的最合适人选，但是是担任企划部部长的最佳人选。在上一届选择老委员的时候，一开始是把她摆在企划部部长的位置来进行考量的。后面考虑到组织的需要，由她担任下一届主任。担任主任的过程中她崩溃了好多次，也找过好多次徐老师。因为当主任之后就需要考虑团队的配合、团队的氛围——这些都是之前不需要去考虑的因素。怎样把大家拧成一股绳，怎样让志不在图管会的人尽量参与到图管会的活动里来，或者让他们感受到港湾的温馨，成了她不断摸索的东西。通过不断与委员交流，她的性子渐渐被磨得很“慢”。当了主任之后，她体会到了每个人在大的集体中会有自己的考量，有不同的情况需要面对，以及怎么把这个集体扭成一股绳，不是去靠大家保证一定时间的付出，而是大家在忙碌的时候能够抽出一小时来完成一些小事。哪怕是十分钟也好，哪怕是顺路也好，都是对图管会的认可。成为主任使她学会了认同这种点滴的勤奋。

图管会在虎溪的第一场元旦晚会——第一年跟虎溪的图管会合并的时候，当时准备在虎溪举办一次元旦晚会，并已经申请过场地。由于是见缝插针找的时间，正好遇到学校交响乐团想为学校元旦晚会节目多准备一些时间，所以学校交响乐团占用了本来属于图管会使用场地的一些时间。图管会的人为了这个游园会（元旦晚会）也准备了一个月，因此不愿意放弃这个场地。图书馆最后的决定是图管会放弃继续使用这个场地。在得知这个决定后，作为主任的她没有选择和大家“同仇敌忾”，而是在自己心里也窝着一团火的情况下告知当时在场的所有委员这个决定并且安抚他们的情绪。最终大家的心情得以平复，活动也在其他地方得以继续进行，这件事得到了很好的解决。

宋鹤——忆往昔，展未来

宋鹤，2011年以特长组美工组的身份进入图管会，在第二年担任美工组组长，第三年担任企划部副部长，离退之后又在重大待了两年，在图管会是2011年到2014年。2016年离开重大，前往美国，在美国攻读博士学位。在图管会期间，宋鹤做海报以及其他材料的能力有非常显著的提升。虽然他有一定的美工基础，但其实当时对各种软件的应用还不是特别熟悉，就只会用。进入图管会之后，逐渐更深入地去学习这些软件和技巧，而且得到了上一届美工组组长很大的帮助。

记忆深刻的故事

留言本——留言本在图管会是传递信息的一个非常重要的途径。对图管会的人来说，留言本是一个非常神奇的东西，大家在值班过程中比较无聊时，或者是想看一眼留言本的时候就会翻一下，或者在上面做很多批注。大量的留言跟帖，最终会创造出很多有意思的东西。当时在民主湖论坛上的图管会板块，就有一个帖子是整理留言本上很有趣的内容。

小阁楼——当时小阁楼是在图书馆东馆一楼的隔层，算是图管会的一个办公室，也算是图管会的一个基地。它既有工作上的一些职能，也有休闲娱乐上的职能，比如发工资、活动之前的讨论等。美工组每个月都会做一次书院的报纸，进行排版校对。每一次做海报都会跟美工组的成员和企划部的成员一起商定，所以小阁楼就成了一个非常重要的存在，可以说是图管会的精神寄托。如果没有小阁楼，在图管会的时光就会有一种黯然失色的感觉。小阁楼还有一个作用就是作为情感的纽带，它除了提供图管会在本职工作上的便利，还会在大家高兴或不高兴的时候提供一个抒发情感的场所。2014 年 11 月，宋鹤离退，旧馆正要进行改造，小阁楼需要拆除。当时，那一届负责人就抽时间画了两幅画，把他们对小阁楼的印象画在了那两幅画上，最后把那两幅画送给了小阁楼。

（学科服务办公室组稿）

我们的祝福与期待

李玉莲（1986 年 10 月开始从事情报相关工作，2012 年 7 月从图书馆退休）

2020 年是重大图书馆 90 周年馆庆年，我希望图书馆越办越好，更好地服务师生，服务社会，服务地方的经济建设。也希望图书馆的年轻人积极上进，不断学习进步。我会经常回“娘家”看看，向年轻人学习，尽量跟上时代步伐。

张岚（1996 年进入重庆建筑高等专科学校图书馆，2012 年调离）

时间过得真快呀，我离开图书馆都有 8 年了。2010 年图书馆 80 周年馆庆时，我作为《重庆大学图书馆八十年》的编委会成员，为此书的编写收集整理了很多资料。2020 年重大图书馆迎来 90 周年馆庆，心情非常激动！这十年来重庆大学图书馆变化很大，不管是图书馆馆舍还是图书馆的服务，都在高校图书馆中展现出不一样的风采。作为曾经的图书馆人，我感到非常自豪，希望我们重大图书馆越来越好，希望大家努力将重庆大学图书馆建设成为国际知名的高水平、综合性、研究型大学图书馆！

谢蓉（2002 年到馆，先后担任馆长助理、副馆长）

祝福重大图书馆 90 周年生日快乐！在图书馆工作了近 20 年，亲身的经历与体会让我认识到“坚持”对图书馆搭建好读者与知识之间桥梁的重要性。我想引用阿根廷前国家图书馆馆长博尔赫斯的一句话：“如果有天堂，那一定是图书馆的模样。”希望所有的图书馆工作人员都能不忘初心、守护心中的那份坚持，共同为重庆大学打造图书馆那该有的模样！

杨光（中国兵器工业第五九研究所，图书馆读者）

我对重庆大学图书馆有一种特殊的情感，大概是2007年，因工作需要我和重大图书馆开始了合作和交流，算下来已经有十余年了。这十余年来，重大图书馆CDISS给我们所的科研工作提供了强有力的支撑和保障，为我所科研的发展提供了重要作用。我和图书馆的沈敏老师也建立了深厚的友谊。2020年是重大图书馆建馆90周年，借此送上最真挚的祝福，祝重大图书馆生日快乐！

2007年CDISS用户交流暨校企科技文献保障机制研讨会合影留念

周矫矫（1992级自动化系本科生）

图书馆完全贯穿我的整个大学生活。我是大一期末进的图管会的，一直做到大四初，基本上有两年半的时间。两年半的时间里，图书馆贯穿我的大学生活。如果拍片子写剧本记逝去的青春的话，那么我的青春大部分献给了图书馆。对我来讲，因为我没有其他的社交场所，所以我的主要“战场”和大多的故事都发生在图管会。图书馆在工作和生活的交互中带给我潜移默化的影响。

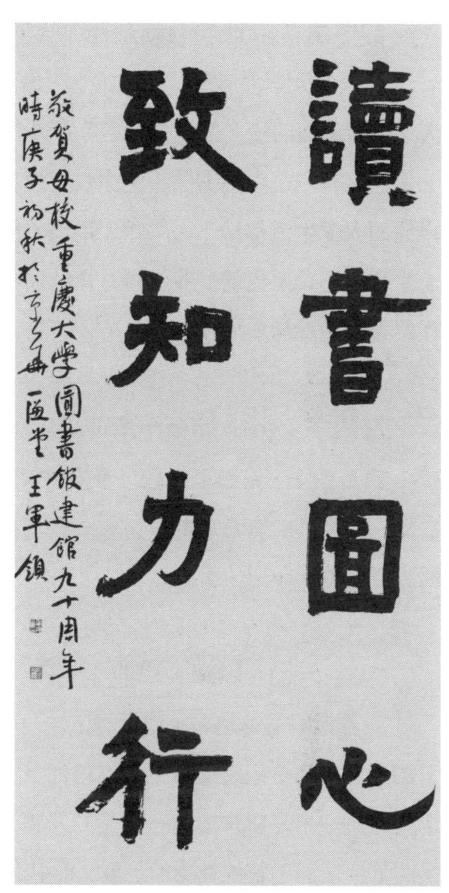

图管会成员王军领为图书馆建馆九十周年所书

孙明月（1999 级材料科学与工程学院冶金工程专业本科生）

首先对图书馆我想说的是感谢。我能进入图管会，包括在图书馆做一些辅助性工作，对我而言是一件特别荣幸的事情。第一，在图书馆里作为图管会的成员可以方便借书，可以有一定的额度把书拿回宿舍去看。这实际上也是让我们花更多的时间到图书馆里面去，在知识的海洋中吸取我们原来在本专业或者是学院里面学习不到的知识。现在期刊电子化的趋势很明显，去图书馆的人可能相对少了，但在当时，去图书馆的人是特别多的，反正大家没事就老往图书馆跑。上大学之前也看不到什么课外书，除了几门主课之外，获得信息的渠道很有限。那时候也没有网络，所以图书馆给我们提供了一个非常好的获得信息的环境。作为图管会的成员，“近水楼台先得月”——我能够有更多的机会来学习。这是我特别感谢图书馆的地方。

戴庆伟（2003 级材料科学与工程学院材料物理专业本科生）

在我的大学生活里，图书馆是很重要的一个地方，它可能占据了我大学生活里面的绝大部分位置。我的整个大学生活可能都围绕着图书馆，下了课上自习是在图书馆，上完自习没课的话也会帮忙摆放杂志，我觉得我的大学生活都属于图书馆，围绕着图管会。如果没有图管会，我的人生肯定还是黑色的。我觉得这个社团特别好，希望可以一直办下去，让图管会办得越来越好。

廖怡宁（2016 届硕士毕业生）

我希望图书馆越来越好，希望图管会学会创新，不要沿着老路走，去做一些新的、有意思的事，做一些能在时代上留下印记的或是在自己的青春里留下印记的事。

宋鹤（2016 届硕士毕业生）

我希望图书馆越来越好，越来越与时俱进，越来越与国际接轨。对于图管会，我希望它能够把我们的优点继续发扬下去。图管会最大的几个特点，一个是凝聚力，一个是归属感，还有就是有一种家的感觉，这是图管会区别于其他社团的地方。希望大家能够把这几个特点发扬下去。希望图管会能够做一些有技术含量的工作，而不是只做单纯的体力劳动。希望学弟学妹们能够珍惜在学校的时光，珍惜在图管会的时光，珍惜大家在一起的时光。

（综合整理自各采访过程）

FULU

附录

2000—2020 年主要人事变动

科级以上干部信息

图书馆直属支部书记

李学静（1998.3—2001.5）

李学静（兼）（2001.5—2002.7）

李学静（2002.7—2005.12）

马露明（2002.7—2006.1）

图书馆党总支书记

李学静（2005.12—2007.1）

邱荣富（2008.11—2013.5）

彭晓东（2013.5—2019.5）

王　雨（2019.6 至今）

图书馆党总支副书记

马露明（2006.1—2008.11）

邱荣富（主持工作）（2007.4—2008.11）

陈　文（2008.11—2017.4）

魏群义（2017.10—2019.8）

李　炜（2019.8 至今）

图书馆馆长

彭晓东（2000.9—2013.5）

杨新涯（2014.7 至今）

图书馆副馆长

李光炬（2000.9—2005.1）

李学静（2000.10—2002.7）

李学静（兼）（2002.7—2005.12）

李代新（2002.7—2006.1）

杨新涯（2006.1—2013.5）

杨新涯（主持工作）（2013.5—2014.7）

谢　蓉（2006.1—2017.7）

汪培术（2007.1—2017.11）

唐孝云（2017.11 至今）

李卫红（2017.12 至今）

科级干部

馆长助理

杨新涯（2000.10—2005.12）

魏群义（2006.12—2017.9）

周　红（2009.4—2020.6）

廖正能（2008.11—2018.9）

图书馆办公室主任

郭幼渝（2001.6—2009.11）

周　红（2009.4—2014.6）

周　剑（2014.6 至今）

办公室副主任（副科级）

梁文敏（2001.6—2011.4）

周　红（2006.4—2009.3）

周　剑（2009.4—2014.6）

袁　媛（2018.4 至今）

组织员

谷诗卉（2017.11 至今）

学科服务办公室主任

徐娟（2020.9 至今）

虎溪馆办公室主任

邓朝全（2020.3 至今）

职称概况

年份	正高级职称			副高级职称		
	二级	三级	四级	五级	六级	七级
2000 年						李俊红
2001 年						曹　京 陈　文
2002 年						杨新涯 杨　忠
2003 年			郭吉安			汪培术
2004 年						谢　蓉
2005 年						王彰红
2006 年						田　琳
2007 年						钱　敏
2008 年						
2009 年	彭晓东			朱凡	杨新涯 杨　忠	
2010 年						魏群义
2011 年				李玉莲		孙　鋭
2012 年						袁　辉

续表

年份	正高级职称			副高级职称		
	二级	三级	四级	五级	六级	七级
2013 年			杨新涯		王彰红	王 英
2014 年						王 姝
2015 年				王渝玲		沈 敏
2016 年						张 洁
2017 年				唐孝云 李卫红		许天才 李 燕
2018 年			魏群义	李俊红		黄 娟 谷诗卉
2019 年		杨新涯	王 雨 孙 锐		袁 辉 王 英	王彦力 王 宁
2020 年						刘芳兵

2021年6月重庆大学图书馆在职职工一览表

序号	姓名	性别	职　务	职　称	政治面貌	最后学历/学位	来馆时间
1	王　雨	男	书　记	教授	中共党员	硕士	2019.6
2	杨新涯	男	馆　长	研究馆员	中共党员	博士	1993.7
3	李　炜	男	副书记	馆员	中共党员	硕士	2019.8
4	唐孝云	男	副馆长	副教授	中共党员	硕士	2017.11
5	李卫红	女	副馆长	副教授	中共党员	硕士	2017.12
6	陈　文	女		副研究馆员	中共党员	硕士	1988.7
7	谢　蓉	女		副研究馆员	中共党员	本科	2002.11
8	周　剑	女	综合办公室主任	馆员	中共党员	硕士	2003.7
9	谷诗卉	女	组织员	副研究馆员	中共党员	硕士	2006.7
10	袁　媛	女	综合办公室副主任	副科级	中共党员	学士	2012.11
11	王　江	男		高级工	中共党员	专科	1995.6
12	田　勇	男		高级工	群众	专科	2001.1
13	彭　漓	女		会计师	中共党员	专科	2003.6
14	刘晓涛	男		技师	群众	专科	2003.11
15	张　玺	男		中级工	中共党员	学士	2010.1
16	王　宁	女		副研究馆员	中共党员	硕士	2010.7
17	王彰红	男	部室主任	副研究馆员	中共党员	本科	1989.9
18	敬　波	男		馆员	群众	本科	1979.1
19	何　琳	女		副处级职员	群众	本科	1980.12
20	刘　玲	女		馆员	中共党员	本科	1996.3
21	周永红	女		副处级职员	农工党党员	本科	1998.9
22	徐俊英	女		馆员	群众	专科	1998.9
23	余湘玲	女		助馆	群众	专科	1999.8
24	秦　梅	女		馆员	民盟盟员	本科	1999.9

续表

序号	姓名	性别	职　务	职　称	政治面貌	最后学历/学位	来馆时间
25	明　虹	女		馆员	民盟盟员	本科	2001.6
26	王　英	女		副研究馆员	中共党员	硕士	2005.6
27	郑　凌	女		馆员	中共党员	硕士	2006.7
28	温　峻	女		馆员	群众	硕士	2017.7
29	田　琳	男	部室主任	副研究馆员	民建会员	本科	1993.7
30	郑　强	男		副研究馆员	群众	本科	1983.7
31	曹衍申	男		馆员	群众	本科	1997.7
32	李　政	男		馆员	中共党员	本科	1997.12
33	廖　维	男		馆员	中共党员	本科	2003.7
34	夏　灿	男		中级工	中共党员	本科	2010.1
35	文佩丹	女		馆员	中共党员	硕士	2017.7
36	敬楷云	男		初级工	群众	本科	2018.6
37	王彦力	女	部室主任	副研究馆员	中共党员	硕士	2012.7
38	唐雪梅	女		馆员	中共党员	本科	2005.12
39	郑　睿	男		中级工	群众	本科	2014.9
40	冉蔚然	女		馆员	预备党员	硕士	2016.7
41	曹　京	女	部室主任	副研究馆员	群众	本科	1988.7
42	苏　甜	女		馆员	群众	硕士	2004.7
43	沈　敏	女		副研究馆员	中共党员	硕士	2006.7
44	黄　娟	女		副研究馆员	中共党员	硕士	2009.7
45	许天才	男		副研究馆员	中共党员	博士	2015.7
46	涂佳琪	女		馆员	中共党员	硕士	2015.7
47	唱婷婷	女		馆员	中共党员	硕士	2016.4
48	李玉兰	女		副研究馆员	群众	博士	2019.11
49	樊　奇	男		九级职员	中共党员	硕士	2020.4
50	蔡　佳	女		九级职员	中共党员	硕士	2020.4
51	徐　娟	女	部室主任	馆员	中共党员	本科	1998.7

续表

序号	姓名	性别	职　务	职　称	政治面貌	最后学历/学位	来馆时间
52	李俊红	女		副研究馆员	民革党员	本科	1987.11
53	杨　忠	男		副研究馆员	中共党员	本科	1989.7
54	金　梅	女		馆员	群众	硕士	2001.5
55	张　洁	女		副研究馆员	中共党员	硕士	2004.6
56	袁　辉	男		副研究馆员	民建会员	博士	2006.9
57	史　丹	女		馆员	中共党员	硕士	2014.6
58	李　哲	女		馆员	中共党员	硕士	2019.9
59	胡　晓	女	部室主任	副处级职员	中共党员	本科	1985.9
60	先　群	女		馆员	群众	本科	1990.7
61	谢德能	男		馆员	群众	专科	1993.2
62	李骏勇	男		馆员	中共党员	本科	1994.3
63	冉玉顺	男		高级工	中共党员	专科	1994.5
64	吴　红	女		助理馆员	群众	专科	1996.4
65	杜玉梅	女		馆员	民盟盟员	本科	1997.11
66	刘永毅	男		馆员	中共党员	专科	1998.9
67	谭　嘉	女		助理馆员	群众	本科	1999.8
68	高　芃	女		馆员	民盟盟员	本科	2000.7
69	张　凯	男		高级工	群众	专科	2001.1
70	王　勤	女		馆员	中共党员	本科	2001.6
71	万小英	女		馆员	中共党员	硕士	2003.7
72	郑容娟	女		馆员	中共党员	硕士	2006.7
73	黄　劼	男		讲师	群众	博士	2010.1
74	周　琼	女		九级职员	群众	专科	2013.9
75	王　静	女		高级教师	群众	本科	2018.2
76	付成贵	男		一级教师	民盟盟员	硕士	2018.2
77	孙　锐	女	部室主任	研究馆员	中共党员	本科	1993.7
78	吴　渝	女		馆员	群众	专科	1986.5

续表

序号	姓名	性别	职　务	职　称	政治面貌	最后学历/学位	来馆时间
79	郑明清	女		副处级职员	群众	本科	1986.7
80	颜　波	男		馆员	群众	本科	1986.11
81	吴　涛	男		馆员	中共党员	专科	1986.12
82	易群英	女		馆员	中共党员	本科	1995.7
83	祝凤莉	女		馆员	中共党员	本科	1999.3
84	马全武	男		高级工	群众	专科	2001.1
85	陆　容	女		馆员	群众	专科	2002.1
86	李　燕	女		副研究馆员	中共党员	硕士	2002.11
87	余　涛	男		馆员	中共党员	大专	2003.11
88	邓　艾	男		中级工	群众	本科	2010.1
89	邓朝全	男	部室主任	馆员	中共党员	本科	1995.7
90	韩　平	男		馆员	中共党员	专科	1995.3
91	翟　伟	男		馆员	群众	本科	1999.2
92	孙全友	男		技师	群众	专科	1999.2
93	胡方林	男		高级工	中共党员	专科	1999.9
94	王　姝	女		副研究馆员	中共党员	硕士	2002.7
95	郑伟炜	男		馆员	中共党员	本科	2003.11
96	唐　涛	男		技师	群众	专科	2003.11
97	龙春玲	女		馆员	群众	专科	2003.11
98	刘芳兵	女		副研究馆员	中共党员	硕士	2004.7
99	陈　瑶	女		馆员	中共党员	硕士	2004.7
100	赵　鲲	男		中级工	群众	本科	2010.1
101	蒲　冯	女		中级工	中共党员	本科	2010.1
102	支早晖	男		中级工	中共党员	本科	2010.1
103	张　瑞	女		八级职员	群众	本科	2012.11
104	邝　静	女		八级职员	中共党员	本科	2013.1
105	杨红雨	女		七级职员	群众	专科	2017.6
106	薛　联	女		副教授	民盟盟员	硕士	2018.6

2021 年 6 月重庆大学图书馆馆聘职工一览表

序号	姓名	性别	部门	岗位	学历	来馆时间
1	苏舒	女	情报服务部	查新	硕士	2017.12
2	王希娟	女	情报服务部	查新管理	本科	2020.1
3	赵长进	女	情报服务部	图工委文员	本科	2020.6
4	温婧茹	女	情报服务部	查新	硕士	2020.6
5	王晓琴	女	情报服务部	查新	博士	2020.12
6	周倩	女	情报服务部	查新	硕士	2020.12
7	孙雅婷	女	情报服务部	知识产权培训推广	专科	2020.12
8	李海燕	女	情报服务部	知识产权服务专员	硕士	2021.5
9	李佳楠	女	情报服务部	查新	硕士	2021.5
10	袁月	女	情报服务部	查新	硕士	2021.5
11	马安苗	女	综合办公室	新媒体运营	硕士	2020.12
12	齐超	女	虎溪图书馆	前台服务	本科	2016.7
13	杨丽娟	女	虎溪图书馆	前台服务	本科	2017.11
14	罗洋	女	虎溪图书馆	前台服务	本科	2017.11
15	李成琳	女	虎溪图书馆	前台服务	专科	2008.8
16	揭臣勋	男	虎溪图书馆	阅览管理与服务	—	2008.8
17	任拾惠	女	虎溪图书馆	阅览管理与服务	—	2011.1

18	杨兴平	女	虎溪图书馆	阅览管理与服务	—	2011.7
19	柴富红	女	虎溪图书馆	阅览管理与服务	—	2013.1
20	陈翼	女	理工图书馆	前台服务	本科	2016.7
21	黄晓玲	女	理工图书馆	声音图书馆	本科	2019.9
22	魏星	女	理工图书馆	书库管理	专科	2016.4
23	黎浩宇	女	理工图书馆	书库管理	本科	2016.8
24	喻珍琦	女	理工图书馆	书库管理	专科	2016.8
25	王光芬	女	理工图书馆	书库管理	专科	2018.9
26	谢茜	女	建筑图书馆	前台服务	专科	2018.9
27	李真	女	建筑图书馆	书库管理	专科	2017.9
28	黄鹂	女	学科办公室	文献信息服务	本科	2018.7
29	李素	女	资源建设部	期刊加工	本科	2009.4
30	李姗玲	女	资源建设部	资源加工	本科	2016.7
31	冉波	女	资源建设部	图书验收	—	2021.6
32	周玉兰	女	特藏部	重大文库及展览管理	—	2008.8
33	李燕	女	特藏部	特藏资源加工	专科	2020.9
34	胡大斌	男	综合办公室	安全协管	—	2000.3
35	罗才兵	男	综合办公室	保安	—	2018.4
36	杨腾银	男	综合办公室	保安	—	2018.10

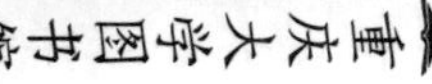

续表

序号	姓名	性别	部门	岗位	学历	来馆时间
37	罗才亮	男	综合办公室	保安	—	2018.10
38	秦大华	男	综合办公室	保安	—	2015.3
39	胡秋霞	女	综合办公室	保安	—	2019.1
40	王强	男	综合办公室	保安	—	2020.4
41	傅道友	男	综合办公室	保安	—	2017.9
42	祝万元	男	综合办公室	保安	—	2021.1
43	宋锦芬	女	理工图书馆	保洁	—	2015.12
44	何国敏	女	理工图书馆	保洁	—	2016.1
45	雷世容	女	理工图书馆	保洁	—	2021.5
46	李兰英	女	理工图书馆	保洁	—	2017.12
47	陈真英	女	理工图书馆	保洁	—	2017.12
48	简绍庆	女	理工图书馆	保洁	—	2014.4
49	祝东华	女	理工图书馆	保洁	—	2007.9
50	秦秀芳	女	理工图书馆	保洁	—	2020.1
51	白太素	女	建筑图书馆	保洁	—	2017.9
52	毛莲	女	建筑图书馆	保洁	—	2013.12

2010—2020 年运行核心数据

单位：万

序号	指标	2010 年	2011 年	2012 年	2013 年	2014 年	2015 年	2016 年	2017 年	2018 年	2019 年	2020 年
1	入馆人次	56.37	150.01			137.05	158.97	185.88	211.78	219.47	239.57	109.98
2	实体馆藏量					424.42	438.90	452.59	463.63	478.95	492.73	500.15
3	纸本图书年度入藏量	11.37	9.48	8.82	12.27							
4	借阅册次	68.84	69.53	60.05	57.39	53.01	55.50	57.34	47.2	49	47.11	20.91
5	数字资源累积量					830.96	879.68	912.52	1044.3	1122.4	1209.29	1269.71
6	电子图书年度新增	35	38.97	37.44	46.1							
7	数字资源全文下载量	1005.12	1096.55	1132.81	894.9	928	1002	1026.6	1078.2	1093.7	1113.9	1143.02
8	图书馆首页访问人次				71.85	90.35	94.25	98.23	99.84	100.93	103.57	121.42
9	图书馆门户登录人次					35.87	37.71	39.17	40.24	40.85	43.71	50.29
10	科技查新量	750	703	782	640	503	384	302	207	247	182	186
11	文献传递量	4616	3878	1979	4030	1497	2230	762	741	1208	419	323
12	校友读者人数	549	1382	1791	273	35	393	1605	2512	2113	1785	1523

注：2010—2013 年数据皆来自往年图书馆年度报告，2014—2020 年数据皆来自图书馆事实数据与运行报表。

2010—2020 年科研成果汇总

科研论文目录（检索信息：2021 年 4 月 30 日 CNKI 检索数据）

编号	论文题目	作者	刊物信息
1	论大学图书馆阅读推广的转型	杨新涯、尹伟宏、王莹	图书情报工作，2020，64（17）：58–63
2	论“新基建”赋予图书馆的新机遇	杨新涯、罗丽、杨斌、张友明	图书馆论坛，2020，40（12）：95–101
3	基于零数据理论的阅读推广模型与实践研究	杨新涯、刘芳兵	图书与情报，2020（04）：1–8
4	零数据在馆藏图书全流程优化中的应用研究	刘芳兵、王彦力、冉蔚然	图书与情报，2020（04）：9–14
5	运用零数据破除信息茧房的研究	许天才、冯婷婷、杨新涯	图书与情报，2020（04）：15–20
6	疫情时期图书馆应急管理与防控研究	冉蔚然、杨新涯、王彦力、李旭宏	图书情报工作，2020，64（15）：23–32
7	信息仓储建设的数字资源采购规范化流程研究及 ERMS 系统开发	王英、杨新涯	图书情报工作，2020，64（12）：67–74
8	需求与决策驱动的图书智能采访系统研究与实践——以重庆大学图书馆为例	涂佳琪、杨新涯、沈敏	图书情报工作，2020，64（11）：28–34
9	基于文献情报学的学术热点分析方法研究	杨新涯、王莹、尹伟宏	大学图书馆学报，2020，38（03）：34–39
10	图书馆业务架构与资源 / 平台 / 数据 – 第二辑 - 学术图书馆“十四五”规划的思考	杨新涯	高校图书馆工作，2020，40（05）：12–15+33

11	高校移动图书馆服务模式现状调研与发展策略研究	许天才、潘雨亭、冯婷婷、杨新涯、魏群义、袁辉	图书情报工作，2020，64（03）：71–82
12	基于营销模式的高校图书馆多元营销策略研究	冯龄萱、魏群义	图书馆学研究，2020（02）：18–24
13	高校图书馆阅读推广核心数据及边缘数据的管理与应用	许天才、冯婷婷、潘雨亭、杨新涯	大学图书馆学报，2020，38（01）：76–83
14	零数据理论及其应用模式研究	王彦力、杨新涯、冉蔚然	大学图书馆学报，2019，37（06）：51–56
15	没有大数据就不会有智慧图书馆	杨新涯	新华书目报，2019-07-26（002）
16	中国知网 CNKI 历史与发展研究	涂佳琪、杨新涯、王彦力	图书馆论坛，2019，39（09）：1–11
17	精细化数字阅读行为数据研究——以重庆大学京东阅读平台为例	杨新涯、王莹、刘义勇、隆敏、王彦力、范并思	图书馆论坛，2019，39（06）：116–124
18	数据驱动的新型情报服务研究	杨新涯、王莹、尹伟宏	文献与数据学报，2019，1（01）：32–41+117
19	基于用户情境的图书馆智慧推送服务研究	孙鹏、沈敏、杨新涯、向晴	图书馆，2019（03）：53–57
20	中国传统典籍的分类指导阅读推广模式研究	王彦力、冉蔚然、杨新涯	图书情报工作，2019，63（03）：67–72
21	智慧图书馆系统支撑下的阅读推广模式与实践	赵发珍、杨新涯、张洁、潘雨亭	大学图书馆学报，2019，37（01）：75–81
22	基于元数据管理的数字资源保障评估研究	许天才、潘雨亭、杨新涯、罗丽、孙锐	图书情报工作，2019，63（02）：84–90
23	纸电合一的图书馆目录创新应用与发展	王彦力、杨新涯、罗丽	图书情报工作，2019，63（01）：105–110

续表

编号	论文题目	作者	刊物信息
24	区块链是完善数字内容产业链的最关键技术	杨新涯、王莹	图书馆论坛，2019，39（03）：35–41
25	电子资源管理现状分析及改进构想	杨爱英、魏群义、杨新涯	图书馆杂志，2018，37（11）：40–46
26	移动图书馆用户体验影响因素 Meta 分析	王靖芸、魏群义	国家图书馆学刊，2018，27（05）：44–53
27	移动图书馆用户体验评价结构模型研究	姚媛、许天才	国家图书馆学刊，2018，27（05）：32–43
28	移动图书馆用户体验评价指标体系研究——以重庆大学微信图书馆平台为例	魏群义、李艺亭、姚媛	国家图书馆学刊，2018，27（05）：21–31
29	国内外移动图书馆用户体验测评研究综述	李艺亭、张洁	国家图书馆学刊，2018，27（05）：54–64
30	国内高校移动图书馆功能设置与服务质量研究	许天才、潘雨亭、张洁	国家图书馆学刊，2018，27（05）：65–76
31	高校图书馆嵌入式信息素养教育模式研究——以重庆大学图书馆为例	刘庆庆、何燕君、杨新涯、李燕	图书情报工作，2018，62（16）：47–54
32	基于科学学术谱系文献著者智库的阅读推广研究——以重庆大学图书馆为例	黄娟、唱婷婷、魏群义	图书馆杂志，2018，37（08）：43–48
33	高校图书馆数字阅读推广创新模式——以重庆大学图书馆牵手京东阅读为例	许天才、潘雨亭、杨新涯、魏群义、谷诗卉	图书情报工作，2018，62（13）：19–23
34	移动图书馆用户体验研究综述与展望	魏群义、李艺亭、姚媛	图书情报工作，2018，62（10）：126–135

35	浅析海恩法则下图书馆舆情预警的社会意义	周永红	科技经济导刊，2018，26（14）：138–139
36	微信图书馆用户使用意愿影响因素实证研究	魏群义、姚媛、李艺亭	图书情报工作，2018，62（05）：68–75
37	图情领域个人微信公众号发展现状	向晴、杨新涯、王莹	图书馆论坛，2018，38（09）：127–131
38	大学图书馆年度大数据报告的调研与发展研究	谷诗卉、罗丽、杨新涯、许天才	大学图书馆学报，2017，35（06）：24–30
39	智慧图书馆的发展现状与趋势——“智慧图书馆从理论到实践”学术研讨会会议综述	罗丽、杨新涯、周剑	图书情报工作，2017，61（13）：140–144
40	高校图书馆图书捐赠服务研究	杨新涯、罗丽、王彦力、刘芳兵	大学图书馆学报，2017，35（05）：31–36
41	高校图书馆面向一流学科建设的资源保障策略与服务模式探索	李燕、魏群义、孙锐、王英	图书馆建设，2017（09）：51–57
42	基于确定事件的智慧图书馆推荐服务策略实施探究	袁辉	图书馆建设，2017（08）：74–77
43	阅读推广基础理论的探索与构建——第一届全国图书馆阅读推广理论研讨会综述	王宁、邓朝全、杨新涯	图书馆论坛，2017，37（06）：97–101
44	读书会网络化服务模式与实践研究——以重庆大学图书馆“悦读会”系统为例	谷诗卉、杨新涯、许天才	图书情报工作，2017，61（05）：73–78

续表

编号	论文题目	作者	刊物信息
45	“大学图书馆的新趋势：环境、空间、资源、服务”高端论坛综述	刘芳兵、周红、陈瑶	大学图书馆学报，2017，35（03）：5–9
46	虚拟文库学术成果数字化保存与服务的实证研究——以虚拟“重大文库”为例	罗丽、杨新涯、王彦力	图书馆杂志，2018，37（04）：102–107
47	构建在元数据仓储上的文献资产管理	孙锐、杨新涯、廖维	图书馆论坛，2017，37（07）：9–16
48	智慧图书馆 APP 的设计与实现	魏群义、廖维、沈敏	图书馆论坛，2017，37（07）：22–26
49	智慧图书馆系统支撑下的学科服务实践	张洁、袁辉	图书馆论坛，2017，37（07）：27–32
50	需求驱动的图书馆智慧门户建设	许天才、魏群义、张洁	图书馆论坛，2017，37（07）：17–21
51	论新一代图书馆系统的特征	杨新涯、魏群义、许天才、罗丽	图书馆论坛，2017，37（07）：2–8
52	智慧服务近在眼前	杨新涯	图书馆论坛，2017，37（07）：1
53	客船倾斜试验关键因素探究	谭安全、涂佳琪	船舶，2017，28（02）：32–37
54	图书馆在社会化媒体中的影响力研究——以知名的新浪公众媒体微博为视角	杨新涯、罗丽、谷诗卉、许天才	图书馆建设，2017（04）：90–94+101
55	用户行为模型在图书馆“智慧门户”建设中的应用与探索	袁辉、沈敏、杨新涯	图书情报工作，2017，61（07）：57–61
56	自主创新为主导的图书馆系统研发历程——以重庆大学图书馆为例	许天才、杨新涯、田琳	图书馆论坛，2017，37（04）：9–17

57	大学生创新能力培养视角下的高校图书馆发展模式	何琳	图书情报工作，2016，60（S2）：9–12+16
58	新一代图书馆管理系统的发展现状与趋势——2016 年教育部高校图工委信息技术应用工作年会综述	许天才、杨新涯、彭晓东	大学图书馆学报，2016，34（06）：5–9
59	学术图书书评的内容分析与信息优化——结构化书评的探索	袁辉	大学图书馆学报，2016，34（05）：46–50
60	高校图书馆阅读推广评价机制的研究	许天才、杨新涯、徐娟、魏群义、彭晓东	图书情报工作，2016，60（17）：47–52
61	高校图书馆嵌入式课程服务的探索与思考——以重庆大学图书馆为例	姚媛、魏群义、杨新涯、田琳	图书情报工作，2016，60（17）：59–64+93
62	以信息技术为支撑的阅读推广模式研究	王彦力、刘芳兵、杨新涯	大学图书馆学报，2016，34（04）：30–35
63	学部制下学科服务创新模式探索与思考——重庆大学图书馆学科服务的拓展与深化	李燕、杨新涯、陈文	图书情报工作，2016，60（11）：21–28
64	封装基板叠层互连电镀铜的均匀性研究	何琳、谭泽、陈苑明、何为	重庆师范大学学报（自然科学版），2016，33（04）：128–134+230
65	移动图书馆 WAP 网站可用性研究——以重庆大学为例	彭晓东、程琴、魏群义	图书馆论坛，2016，36（09）：106–111
66	国内移动图书馆用户行为研究综述	彭晓东、邹霓、魏群义	图书馆学研究，2016（08）：2–6
67	场景思维在图书文案写作中的应用	林佳木、袁辉	编辑之友，2016（04）：84–87

续表

编号	论文题目	作者	刊物信息
68	图书馆阅读推广的多元化趋势研究——以首届高校图书馆阅读推广大赛为案例	许天才、杨新涯、王宁、魏群义	图书情报工作，2016，60（02）：82–86
69	高校机构知识库建设策略研究	郑微波、魏群义	图书情报工作，2015，59（24）：59–64
70	大学文化活动促进馆藏建设的创新实践研究——以“重大记忆”收藏计划为例	王宁、杨新涯、刘芳兵	图书馆建设，2015（11）：31–33
71	“以书评促阅读”的实施过程与思考——重庆大学图书馆的实践探索	王宁、杨新涯、袁辉	图书情报工作，2015，59（20）：83–87
72	高校图书馆文化育人的使命担当	邱荣富、徐娟、彦韬、王彦力	时代教育，2015（19）：75–76
73	面向高校用户的开放获取学术期刊发展策略及整合平台研究	沈敏、魏群义、杨新涯、王姝	大学图书馆学报，2015，33（05）：39–43
74	向服务平台转型的下一代图书馆管理系统实践研究	杨新涯、袁辉、沈敏	图书馆杂志，2015，34（09）：23–27
75	高校图书馆 3D 打印创新空间搭建研究	袁媛、沈敏	科技情报开发与经济，2015，25（16）：15–18
76	基于机器学习的高校图书馆用户偏好检索系统研究	沈敏、杨新涯、王楷	图书情报工作，2015，59（11）：143–148
77	“翻转课堂”、“反慕课”影响下的研究生文检课改革探索与实践	李燕、陈文、刘京诚	大学图书馆学报，2015，33（04）：97–102
78	面向工程类专业综合课程设计的信息素养训练研究与实践	张洁、杨新涯、袁刚	图书情报工作，2015，59（08）：59–64
79	重庆大学图书馆二维码门禁移动应用	刘芳兵 、杨新涯	中国出版传媒商报，2015–05–19（023）

80	美国公共图书馆儿童阅读服务研究与实践——以美国纽约州汤普金斯郡公共图书馆为例	沈敏、王姝、魏群义	图书情报工作，2015，59（07）：106–111
81	国内十所高校移动图书馆用户需求调查实践探析	张焕敏、陈琴锋、魏群义、丁楠、张洁	图书馆理论与实践，2015（03）：61–65
82	图书馆扁平化服务流程再造——以重庆大学为例	王英、王宁、杨新涯	图书情报工作，2014，58（24）：62–65
83	图书馆在大学生科研训练中的创新服务实践	张洁、杨新涯、袁刚	图书情报工作，2014，58（22）：54–58
84	基于学术与科研能力培养的研究生课程改革设计	袁辉	农业图书情报学刊，2014，26（10）：130–134
85	高校图书馆扁平化服务模式的转化研究	王英、杨新涯、邓朝全、廖维	图书馆建设，2014（07）：23–26
86	美国图书馆合理使用立法的内容及启示——重读美国著作权法的图书馆相关条款	汪强、王彦力	图书馆论坛，2014，34（06）：121–125+53
87	翻转课堂在信息素养教育中的实践研究	张洁、王英、杨新涯	图书情报工作，2014，58（11）：68–72
88	高校图书馆阅读推广理论架构与实践——以重庆大学图书馆为例	王姝、魏群义、黄娟	图书情报工作，2014，58（11）：73–76+103
89	多维度立体式文检课教学模式的构建与实践	李燕、陈文	图书情报工作，2014，58（10）：103–106+127
90	我国移动图书馆服务现状调查——以国家图书馆和省级公共图书馆为对象	魏群义、袁芳、贾欢、霍然、侯桂楠、杨新涯	中国图书馆学报，2014，40（03）：50–63
91	案例分析在《环境影响评价》课程中的运用	黄川、王里奥、袁辉	教育教学论坛，2014（11）：75–76

续表

编号	论文题目	作者	刊物信息
92	图书馆：更主动，更精准	杨新涯	中国教育网络，2014（01）：26
93	重庆大学图书馆文化服务架构与实践	王姝、曹京、魏群义	图书情报工作，2013，57（24）：75–78
94	国外移动服务可用性研究综述	贾欢、彭晓东、魏群义	图书情报工作，2013，57（21）：133–137+143
95	高校学生成绩与借阅行为关系的初步研究——以重庆大学为例	杨新涯、袁辉、曾佐伶	数字图书馆论坛，2013（09）：23–26
96	重庆大学：四大应用系统引导智慧图书馆建设	杨新涯	中国教育网络，2013（09）：71–72
97	图书馆文献搜索的系统边界研究	杨新涯、程焕文、张洁	图书馆建设，2013（08）：1–3+7
98	高校图书馆个性化社会服务研究	沈敏、王姝、刘芳兵	情报科学，2013，31（08）：98–102
99	学部制下发现与创新中心搭建研究——以重庆大学图书馆为例	沈敏、黄娟、曹京、王姝	图书馆论坛，2013，33（04）：59–63+67
100	OEC 模式在高校图书馆管理中的应用研究	王英、邓朝全、苏甜	图书馆建设，2013（06）：66–69
101	社群信息学在重庆：以中国铁路实名制网络售票为例	霍然、魏群义	中国图书馆学报，2013，39（03）：73–74
102	移动阅读理论研究与实践应用综述	彭晓东、贾欢、魏群义	图书馆工作与研究，2013（05）：18–22
103	基于流程优化的图书馆书评系统应用研究与实践	袁辉、杨新涯、秦鑫	图书馆建设，2013（04）：76–79
104	高校图书馆社会用户合作模式的实践研究——以重庆大学图书馆为例	沈敏、黄娟	图书馆学研究，2013（06）：30–33

105	国内移动图书馆应用与发展现状研究——以“985”高校和省级公共图书馆为调研对象	魏群义、侯桂楠、霍然、黄娟	图书馆，2013（01）：114–117
106	2001—2010 年我国图书馆学硕士学位论文分析	庞歆、李学静、杨家权	情报探索，2013（02）：27–30
107	基于 web3.0 理念的 information commons 服务研究	翟伟	情报科学，2013，31（02）：102–104+109
108	基于自建和商业平台的高校图书馆微博比较研究	彭晓东、吕俊杰、杨新涯、魏群义	大学图书馆学报，2013，31（01）：59–62
109	新媒体环境下高校图书馆读者管理模式的优化	王英、邓朝全、苏甜	图书情报工作，2013，57（01）：83–86
110	高校图书馆党建工作的实践与探索	邱荣富	时代教育，2012（23）：58–59
111	我国高校图书馆社会服务理论与实践研究综述	沈敏、黄娟、王姝	现代情报，2012，32（11）：173–176
112	LISA 数据库中竞争情报与知识管理文献统计分析	彭晓东、王九欢	情报探索，2012（10）：25–28
113	基于多维度谱系的文献著者社会网络模型研究	黄娟、杨新涯、魏群义、沈敏	大学图书馆学报，2012，30（05）：67–70
114	定标比超法在高等院校优化教学中的应用研究——以重庆大学机械工程专业本科课程建设为例	彭晓东、岳丹丹	情报探索，2012（09）：31–35
115	读者检索行为研究综述	魏群义、何希、霍然、侯桂楠	图书情报工作，2012，56（15）：131–134+125

续表

编号	论文题目	作者	刊物信息
116	基于数字图书馆的个性化信息服务研究	郑凌、杨新涯	现代情报，2012，32（07）：54–59
117	Seminar 模式在图书馆科研工作中的应用研究	王英、邓朝全、苏甜	图书馆建设，2012（06）：88–90
118	近 10 年我国图书馆联盟发展现状与对策研究	翟伟、周伟	图书馆建设，2012（06）：91–94
119	基于流程管理的图书馆盘存工作研究——以重庆大学图书馆为例	孙锐、杨新涯、邓玲玲	大学图书馆学报，2012，30（03）：50–53
120	科技文献资源共享平台架构与运行机制实践研究——以重庆市科技文献资源共享平台为例	刘芳兵、彭晓东、沈敏	图书情报工作，2012，56（09）：66–69
121	我国农业信息服务平台理论构想探讨	彭晓东、苑隆寅	农业网络信息，2012（04）：5–8
122	图书馆在大学人才培养支撑体系中的作用	李玉兰、吕俊杰、彭晓东	大学图书馆学报，2012，30（02）：118–119
123	“学部制”背景下高校图书馆工作的创新——以重庆大学为例	王英、王伟、邓朝全、苏甜、刘永毅、李政	图书情报工作，2012，56（05）：98–101
124	用户信息行为理论研究与实践综述	魏群义、霍然、侯桂楠	图书馆工作与研究，2012（02）：16–19
125	图书馆虚拟知识社区建设的实践与探讨	袁辉、杨新涯、周红	图书情报工作，2012，56（03）：80–83+79
126	社会力量对我国图书馆的慈善与公益援助研究——基于图书馆慈善与公益的援助模式、困境与发展方向分析	黄娟、彦韬、魏群义	图书情报工作，2012，56（03）：96–99+42

127	CALIS 三期共享域与图书馆系统整合的实践研究	杨新涯、王文清、张洁、王宁	大学图书馆学报，2012，30（01）：5-8+99
128	近 10 年国内情报学硕士学位论文研究热点统计分析	魏群义、侯桂楠、霍然	图书情报工作，2012，56（02）：35-39+81
129	移动图书馆理论研究与实践应用综述	魏群义、侯桂楠、霍然	图书情报知识，2012（01）：80-85
130	2010 国内情报学论文研究热点比较	李学静、梁红	情报杂志，2011，30（S2）：90-92
131	国内外大学机械工程学科研究生课程教材的比较研究	李玉兰、孙锐、魏群义	研究生教育研究，2011（06）：35-40
132	移动图书馆的实践与展望——以重庆大学图书馆为例	袁辉、杨新涯、王宁	图书馆建设，2011（11）：66-70
133	哲理深刻的藏族格言诗	杨新涯、管村	华夏文化，2011（03）：50-51
134	浅谈图书馆管理系统的发展趋势	魏群义、彭晓东	大学图书馆学报，2011，29（05）：38-40+108
135	企业技术情报服务平台的架构设计与实践研究	王伟、陈逢文、魏群义	图书情报工作，2011，55（14）：78-83
136	以消费者剩余理论分析图书馆使用价值	孙锐、冯梅、杨新涯	图书馆论坛，2011，31（03）：16-18+174
137	我国中小企业人力资源管理信息化现状与对策	苏甜	重庆与世界，2011，28（11）：7-9
138	重庆市大学城资源共享平台“网上图书馆”实践研究	杨新涯、彭晓东、袁辉	大学图书馆学报，2011，29（03）：61-65
139	外国教材的遴选与评价模型研究	李玉兰、王哲、魏群义	图书情报工作，2011，55（09）：80-84
140	SSCI 收录的图书馆学情报学期刊研究——基于 JCR 网络版（2009）的分析	彭晓东、王哲	图书情报工作，2011，55（08）：145-148

续表

编号	论文题目	作者	刊物信息
141	重庆大学：试水移动图书馆	杨新涯、王宁	中国教育网络，2011（04）：27–28
142	基于高校图书馆的企业情报服务平台研究	彭晓东、王茂林	情报理论与实践，2011，34（02）：58–61+71
143	高校图书馆盘存系统的研究	王英、邓朝全、李政、陈瑶	图书馆论坛，2011，31（01）：77–78+84
144	赴美国高等学校学习考察后的几点启示	邱荣富	时代教育（教育教学），2011（02）：94–95
145	利用图书预约数据进行读者阅读倾向研究——以重庆大学图书馆为例	孙锐、杨新涯	图书馆建设，2011（01）：31–34

纵向科研项目目录（检索时间：2021 年 4 月）

序号	项目名称	负责人	委托单位	计划开始日期	项目分类	项目子类	国拨经费/万元
1	《数字文献资源库总目》研究与编撰	王英	全国哲学社会科学工作办公室	2019/11/28	国家社会科学基金项目	国家社会科学基金项目后期资助项目	25
2	智慧图书馆的零数据模型及应用研究	杨新涯	全国哲学社会科学工作办公室	2019/7/15	国家社会科学基金项目	国家社会科学基金项目一般项目	20
3	国内外机械类教材使用比较与复合型资源支持模式研究	袁辉	教育部高等教育司	2018/12/20	教育部	教育部其他项目	4
4	移动图书馆的用户体验模型与服务质量提升研究	魏群义	全国哲学社会科学工作办公室	2017/7/15	国家社会科学基金项目	国家社会科学基金项目一般项目	20
5	机械类教学资源整合与创新服务模式研究	孙锐	教育部外国教材中心	2016/12/6	其他部委省（旧）	其他部委省人文社科及软科学一般项目（旧）	4
6	近现代中国自然科学类博物馆研究（子课题）——“近现代中国自然科学类博物馆研究”资料库的构建及分析研究	李俊红	全国哲学社会科学规划办公室	2014/06/03	国家社会科学基金项目（旧）	国家社会科学基金项目西部项目（旧）	0.5

续表

序号	项目名称	负责人	委托单位	计划开始日期	项目分类	项目子类	国拨经费/万元
7	智慧图书馆理论与系统实践研究	杨新涯	全国哲学社会科学规划办公室	2013/07/09	国家社会科学基金项目（旧）	国家社会科学基金项目西部项目（旧）	18
8	基于科研产出大数据的重庆市支柱产业发展前沿研究	涂佳琪	重庆大学	2020/12/10	重庆市社科规划办哲学社会科学规划研究项目	重庆市社科规划办社科规划研究培育项目	0.5
9	高校图书馆疫情防控管理与服务研究	冉蔚然	重庆市高等学校图书情报工作委员会	2020/7/10	重庆市教改项目		0.4
10	图书馆对大学生信息素养技能培养的研究	李玉兰	重庆市教委	2020/6/18	重庆市教改项目		3
11	多层级知识产权人才培养创新模式实务研究	唱婷婷	重庆市知识产权局	2020/1/1	其他部门	其他部门人文社科及软科学项目	5
12	重庆市农产品加工质量标准体系建设与示范	王英	重庆市科委	2013/05/30	重庆市科委（旧）	重庆市科委科技计划攻关一般项目（旧）	0

著作目录（检索时间：2021 年 4 月）

编号	作者	书名	出版信息
1	彭晓东、杨新涯、王彦力	文献中的重庆大学	重庆大学出版社，2019
2	魏群义著	移动图书馆云服务研究	科学出版社，2017
3	杨新涯	图书馆服务共享	知识产权出版社，2016
4	杨新涯著	图书馆文献搜索研究	重庆大学出版社，2015
5	彭晓东、李彭元、杨新涯等	重庆高校图书馆学研究	西南师范大学出版社，2014
6	彭晓东等编著	重庆大学图书馆八十年	重庆大学出版社，2012
7	彭晓东、杨新涯主编	数字图书馆技术与未来	知识产权出版社，2012
8	杨新涯、彭晓东著	2.0 的图书馆	中山大学出版社，2011
9	杨新涯、彭晓东主编	馆人合一——图书馆 2.0 创新与实践	知识产权出版社，2010
10	肖铁岩、曹振生、彭晓东主编	我们的大学	重庆大学出版社，2010

HOUJI

后　记

1930 年《重庆大学组织大纲草案》中规定学校各组成部门的划分、组建、职责，其中明文规定“设立图书馆，置馆长一人，馆员若干人，专司购置保管全校图书，并办理阅览室，馆长由校长聘请教授担任”。随后的九十载征程中，图书馆不曾更改名称，不曾改变职责，在岁月流逝中一如既往。2020 年 10 月，图书馆九十岁了，我们向这九十载历史中所有的读者和馆员送上一份书香悠悠的问候！

文献支撑，以文献为屏力障师生教授研习之需。理工馆以“理工”为基础兼顾人文社科平衡前进；建筑馆以“建筑”为特色突出工程设计主题馆藏；虎溪馆以综合为发展方向积极配合教学科研的独到需求；而 C 区图书馆和我们道别前则承载了难以计数的历史文献。文献规模的迅速增长与形态变化成为教学科研与交流互助的稳固之基，也是历届师生最有力的知识信息来源之地。

文化育人，以文化为魂共塑传承建设之柱。沙坪坝上笑语欣欣，缙云湖畔书声琅琅；融贯中外古今之文学，汇通东西四海之思想。文山书海天然孕育出图书馆文化，并作为文化综合体巩固、发扬、延续着育人的理念与行动。文化育人的坚持不懈与潜移默化成为校园文化乘风破浪的精神力量，也是所有读者所向往的文化荟萃交融之堂。

无论是在竹林边的窗下，还是在建筑馆的小院旁；无论是在宿舍楼下的书屋里，还是在虎溪馆的高楼上；曾在图书馆中流淌的岁月，都是生命中隽永的记忆，历久弥香。

那么，这里就是我们想讲述图书馆的故事，请您暂驻，细细端详。

小窗幽，竹影漏。
抚卷安然，有墨香盈袖。
曾付韶华于万箸，
映月更阑，且忘佳人候。

缙云遥，歌乐秀。
家在天涯，常记湖边柳。
今日问君相忆否？
十月初秋，可至逸夫楼？